新质生产力

数字经济
发展新动能

赵俊涅　温淼文　赵　楠　王朝炜　曹　越　徐乐西◎著

人民邮电出版社

北　京

图书在版编目（ＣＩＰ）数据

新质生产力 : 数字经济发展新动能 / 赵俊渑等著
. -- 北京 : 人民邮电出版社，2024.6
ISBN 978-7-115-64183-0

Ⅰ. ①新… Ⅱ. ①赵… Ⅲ. ①信息经济－研究 Ⅳ.
①F49

中国国家版本馆CIP数据核字(2024)第071020号

内 容 提 要

  新质生产力的崛起对全球经济和社会产生了深远的影响，它改变了传统生产方式，提高了生产效率和产品质量，同时也带来了更多的就业机会和经济增长点，新质生产力推动数字经济发展欣欣向荣。本书概述了数据要素及其发展、数字经济及其发展，重点介绍了新质生产力及其发展。作者根据个人理解创新性提出了新质生产力"六新三质与七化"的概念及理论公式，对新质生产力推动数字经济在产业互联网、算力产业、数字金融与数字治理等方面的发展给出了建议、展望和预测。本书为读者理解新质生产力和数字经济发展提供了一种行业参考，希望有助于读者更好地把握未来的机遇、应对未来的挑战。

◆ 著　　　　赵俊渑　温淼文　赵　楠
　　　　　　　王朝炜　曹　越　徐乐西
　　责任编辑　赵　娟
　　责任印制　马振武

◆ 人民邮电出版社出版发行　　北京市丰台区成寿寺路 11 号
　　邮编　100164　　电子邮件　315@ptpress.com.cn
　　网址　https://www.ptpress.com.cn
　　北京天宇星印刷厂印刷

◆ 开本：720×960　1/16
　　印张：17.75　　　　　　　　　2024 年 6 月第 1 版
　　字数：191 千字　　　　　　　2024 年 9 月北京第 4 次印刷

定价：89.90 元

读者服务热线：（010）53913866　印装质量热线：（010）81055316
反盗版热线：（010）81055315
广告经营许可证：京东市监广登字 20170147 号

加快发展新质生产力正当其时

当前，我国科技支撑产业发展的能力不断增强，为战略性新兴产业和未来产业发展奠定了良好的基础。"十四五"规划提出，在类脑智能、量子信息、基因技术、未来网络、深海空天开发、氢能与储能等前沿科技和产业变革领域，组织实施未来产业孵化与加速计划，谋划布局一批未来产业。2023年年底召开的中央经济工作会议提出：要以科技创新推动产业创新，特别是以颠覆性技术和前沿技术催生新产业、新模式、新动能，发展新质生产力。

如何理解新质生产力的内涵？习近平总书记在2023年9月考察黑龙江时强调："整合科技创新资源，引领发展战略性新兴产业和未来产业，加快形成新质生产力。"由此可见，新质生产力是由技术革命性突破、生产要素创新性配置、产业深度转型升级而催生的当代先进生产力，它以劳动者、劳动资料、劳动对象及其优化组合的质变为基本内涵，以全要素生产率提升为核心标志。

根据前不久在深圳市举办的第25届中国国际高新技术成果

交易会上发布的数据：深圳市 90% 以上的创新型企业是本土企业，90% 以上的研发机构设立在企业，90% 以上的研发人员集中在企业，90% 以上的研发资金来源于企业，90% 以上的职务发明专利出自企业，90% 以上的重大科技项目发明专利来源于龙头企业。从这 6 个 90% 可以看出：企业是科技创新的主体，是加快形成新质生产力的重要力量。

推进新质生产力发展，产业界有很多事可以做，也有很多工作需要加快推进。在理论研究与创新方面，赵俊渑博士所带领的团队就走在了前面，这为大家深化开展新质生产力研究奠定了理论基础，对此，我表示祝贺。

希望产业界加快复合型人才培养、加快新技术应用和安全产业建设、加快科研成果转化，打造战略性新兴产业集群和未来产业集群。

放宽视野，新质生产力的壮大，是一次现代化产业体系加速构建的过程。"政、产、学、研、用"各方应加快产业链、供应链优化升级和传统产业转型升级，推动数字经济创新发展，推进现代服务业提档升级，为中国式现代化的高质量发展做出贡献。

中国工程院院士、博士生导师

沈昌祥

2024 年 1 月

新型信息基础设施激发新质生产力发展

党的十八大以来，以习近平同志为核心的党中央对全面建成社会主义现代化强国做出了分两步走的战略安排。无论是建设制造强国、质量强国、航天强国、交通强国、网络强国、数字中国，还是实现新型工业化、信息化、城镇化、农业现代化，都要求实现高质量发展，而发展新质生产力是推动我国经济社会高质量发展的重要动力。

与传统生产力相比，新质生产力包含了全新质态要素的生产力，意味着生产力水平的跃迁。从主体来看，传统生产力大多由传统产业作为承载主体，新质生产力大多由运用新技术的新产业承载。当然，传统产业不一定就是落后产业，经过转型升级也能够孕育新产业。从成长性来看，传统生产力的成长性较低，增长速度较慢；新质生产力则具有比较高的成长性，增长速度比较快，呈现加速发展的趋势。从劳动生产率来看，传统生产力的劳动生产率相对较低；新质生产力在劳动者、劳动资料、劳动对象 3 个方面都呈现出更高的水平，劳动生产率较高，提供的是新产品或新服务，或其产品和服务具有更好的新性能。

从竞争环境来看，形成传统生产力的产业技术门槛相对较低，竞争比较激烈，利润率也相对较低；形成新质生产力的新兴产业属于新赛道，进入的技术门槛比较高，竞争相对较小，利润率相对较高。从生产力的构成要素来看，传统生产力所在的产业对劳动力素质的要求不高；形成新质生产力的新产业对劳动力素质的要求更高，能够开发和利用更多的生产要素。

新时代造就新经济，以数字经济为代表的新经济，代表着发展前沿、发展方向、发展趋势和发展未来。新经济需要与之相适应配套的新型信息基础设施，新型信息基础设施通过敏捷、高效、集约、开放、安全的基础网络，将过去分散在不同机构的数据聚合起来，衍生出云计算、大数据、物联网等新一代信息技术，这些新技术进一步促进新质生产力的发展。

赵俊渥同志不断加强新领域研究，这次带领团队从行业角度全面梳理了新质生产力及其发展与应用，这不仅具有实践意义，更具有教学意义。应激励企业加快数智化转型，实现数字经济和实体经济的深度融合，技术突破创"新"与产业升级增"质"共同塑造新质生产力，为经济高质量发展提供新动力。

中国工程院院士、博士生导师

张平

2024 年 1 月

抓机遇，促发展，为新时代新征程注入新动能

看到赵俊渥同志送来的《新质生产力：数字经济发展新动能》样书时，我非常高兴，一是对有了一本关于新质生产力的综合性、理论性、专业性图书感到十分欣慰，二是为年轻人勤于思考、善于钻研的劲头所感动。

面对新一轮科技革命和产业变革，我们必须抢抓机遇，紧紧抓住提升全要素生产率这一核心，加大创新力度，培育壮大战略性新兴产业，前瞻性谋划布局未来产业。战略性新兴产业处在科技和经济发展前沿，对经济社会全局和长远发展具有重大的引领带动作用，包括新一代信息技术、生物技术、新能源、新材料、高端装备、新能源汽车、绿色环保以及空天海洋产业等。未来产业代表着未来科技和产业发展的新方向，是在新一轮科技革命和产业变革中赢得先机的关键所在，是实现创新引领发展的重要抓手，对未来产业不仅要正确"选种"、精心"播种"，更要细心"育种"、用心"培苗"，让其更好地生根发芽、苗壮成长。我们要摆脱以往依靠大量资源投入的经济增长方式，以科技创新驱动产业变革，提高全要素生产率，推动经济发展

质量变革、效率变革、动力变革，增强发展新动能；我们要掌握更多关键核心技术、颠覆性技术，进而转变发展方式、突破发展瓶颈、做强做优实体经济，切实以新质生产力带动产业转型升级。

近年来，我国在新能源、新材料、先进制造、电子信息、生物医药等产业领域取得重要进展，对经济社会发展的引领带动作用日益彰显。2022年，我国战略性新兴产业增加值占国内生产总值比重超过13%，同时，以类脑智能、量子信息、基因技术、深海空天开发、氢能与储能等前沿科技为代表的未来产业，也正在实现技术与产业的深度融合，有望快速成长。2024年1月，工业和信息化部等七部门发布《关于推动未来产业创新发展的实施意见》，规划建设一批未来产业孵化器和先导区，突破百项前沿关键核心技术，形成百项标志性产品，全面布局未来产业发展，大力培育塑造新质生产力。对此，我们必须深刻认识到：发展新质生产力将是未来一段时期中国经济建设的首要任务，新时代新征程，创新在我国现代化建设全局中永远是一个常谈常新的命题。激发创新主体活力，培育新兴产业竞争力，抢占未来产业制高点，加快形成新质生产力，必将为高质量发展提供坚实的支撑。

有感而发，不揣冒昧，是以为序。

中国社会工作联合会会长、博士生导师

陈存根

2024 年 3 月

科技创新引领新质生产力发展

2023年9月，习近平总书记在新时代推动东北全面振兴座谈会上强调："积极培育新能源、新材料、先进制造、电子信息等战略性新兴产业，积极培育未来产业，加快形成新质生产力，增强发展新动能。"新质生产力是党中央立足于世界科技进步前沿，着眼于全面建成社会主义现代化强国这一目标任务提出的新概念。2023年年底召开的中央经济工作会议指出，要以科技创新推动产业创新，特别是以颠覆性技术和前沿技术催生新产业、新模式、新动能，发展新质生产力。新质生产力涉及领域新、技术含量高，必须加快释放创新动能，坚持以科技创新引领发展。

新质生产力是由技术革命性突破、生产要素创新性配置、产业深度转型升级而催生的当代先进生产力，它以劳动者、劳动资料、劳动对象及其优化组合的质变为基本内涵，以全要素生产率提升为核心标志。加快培育新质生产力要把握好3点：一是打造新型劳动者队伍，包括能够创造新质生产力的战略人才和能够熟练掌握新质生产资料的应用型人才；二是用好新型生产工具，特别是掌握关键核心技术，赋能发展新兴产业；三是塑造适应新质生产力的生产关系，通过改革开放着力打通束缚新质生产力发展的堵点和卡点，让各类先进优质的生产要素向发展新质生产力顺畅流动和高效配置。

科技自立自强是国家强盛之基、安全之要。创新是一个民族进步的灵魂，是一个国家兴旺发达的不竭动力。实践证明，中国要强盛，中华民族要复兴，就一定要大力发展科学技术，不断提升应对重大挑战、抵御重大风险，维护国家安全和发展的实力。本书的作者赵俊渥先生长期在信息通信领域工作，对于数字经济、算力、元宇宙等都有独到的见解。这次他带领的研究团队从不同层面深入解读新质生产力，不仅对新质生产力从概念到逻辑形成进行了全面梳理，更对新质生产力的发展与应用提出了很多独到的见解与观点。本书的出版将有助于产业界抓住新质生产力发展的战略机遇，加快推进战略性新兴产业，构建现代化产业体系，进而抓住发展新质生产力的主阵地。希望更多的青年学者，不仅要加强基础研究，更要将研究成果化，深刻洞察时与势，辩证把握危与机，集中力量推进科技创新，努力于危机中育先机、于变局中开新局。

国际欧亚科学院院士、国际欧亚科学院中国科学中心常务副主席、

中国科技体制改革研究会理事长

张景安

2024 年 1 月

社会心理健康是筑牢新质生产力发展之保障

赵俊渥同志在清华大学社科学院做经济学博士后研究时，我在院里研究心理学，由于专业不同，跟他接触并不多。当他送来还留有墨香的《新质生产力：数字经济发展新动能》样书并邀请我为其作推荐序时，我着实有些为难，我一直从事心理学研究，对经济学略懂，谈不上专业，但老同事相托，我谈谈从心理学角度如何推进新质生产力的发展。

在当代社会中，提高生产力是很多国家、组织和个人所追求的目标。社会心理学作为一门研究人类行为和思维的学科，为我们提供了许多有价值的研究视角，可以帮助我们理解人们的动机和行为，并以此来提升生产力。2024年的《政府工作报告》将加快发展新质生产力列为2024年十大工作任务之首，可以看出当前发展新质生产力的重要性和迫切性。那么，社会心理健康与新质生产力之间是否存在着某种联系呢？答案是必然的。一方面，社会心理健康的提高有助于促进新质生产力的发展。因为心理健康的人更容易获得更高的工作效率，更能够有激情地迎接挑战与创新。另一方面，新质生产力的提高也有助于改善社会心理健康。因为新质生产力会促进经济的繁荣，为社会提供更多的物质和资源，让人民获得更多的满足感。

然而在现实生活中，社会心理健康与新质生产力并不完全是正相关的关系。事实上，有时两者之间会出现一种复杂的相互作用。一方面，心理健康问题可能会对新质生产力带来一定的负面影响。例如，工作压力过大、心理负担过重导致缺勤或工作效率下降，从而影响新质生产力的发展。另一方面，新质生产力的发展也会给人们带来一定的心理压力和困扰。例如，竞争激烈的工作环境和职场压力，可能会导致人们产生焦虑情绪，严重时还会影响其心理健康。因此，社会心理健康与新质生产力之间是一种相互关联、复杂而微妙的关系。要实现可持续发展，社会心理健康问题不容忽视，在发展新质生产力的同时，要塑造积极向上的工作环境和社会氛围，为社会、个体提供更多的发展机会和成长空间，进而促进新质生产力良性发展，最终让社会心理健康与新质生产力形成相辅相成、相互促进的关系。

作为教育工作者和心理学研究者，在新质生产力发展中，要坚持教育、科技、人才协同发力的模式，探索构建适应新质生产力发展的新型生产关系。希望青年学者们在研究新质生产力发展中关注社会心理健康问题，让社会心理健康与新质生产力同步发展与提高。

清华大学社会科学学院院长、国际积极心理联合会（IPPA）

及国际积极教育联盟（IPEN）中国理事

彭凯平

2024 年 3 月

前言

生产力的发展是人类社会进步的根本动力，也是一切社会变迁和政治变革的终极原因。当前，我国社会的主要矛盾是人民日益增长的美好生活需要和不平衡不充分的发展之间的矛盾，党的中心任务是团结带领全国各族人民全面建成社会主义现代化强国、实现第二个百年奋斗目标，以中国式现代化全面推进中华民族伟大复兴。要解决这一主要矛盾，完成这一中心任务，就必须进一步解放和发展生产力，以新的生产力理论指导新的生产力实践。新质生产力理论正是在这样的历史背景和时代趋势中应运而生的，是新时代中国生产力发展的实践结晶、政策宣示和理论升华，更是中国矢志推动战略性新兴产业发展和大力发展数字经济的理论引导。

从"新"来看，数据成为新的生产要素，算力成为像水、电、气一样的新的公共基础能源，人工智能成为新的生产工具。通过积极培育新能源、新材料、先进制造、电子信息等战略性新兴产业，可以加快形成新质生产力，不断为数字经济发展注入新动能。

从"质"来看，生产力的跃迁与质变，是摆脱传统经济增长路径，对产业体系进行系统化重塑的过程。当前，我国产业体系更加完备，产业链条更加健全，网络基础设施全球领先，更多领域实现从跟跑到领跑的跃升。

新质生产力顾名思义就是新质态的生产力，有别于传统生产力，其涉及领域新、技术含量高、知识密度大，是科技创新发挥主导作用的生产力，代表着生产力的能级跃迁。创新驱动是"新"的关键，高质量发展是"质"的锚点，新质生产力的核心要义就是"以新促质"，以创新驱动新经济变革，以新经济引领高质量发展。"十四五"规划中提到的战略性新兴产业，包括新一代信息技术、生物技术、新能源、新材料、高端装备、新能源汽车、绿色环保以及航空航天、海洋装备等，我国战略性新兴产业增加值占国内生产总值的比重已超过 13%；提到的未来产业，包括类脑智能、量子信息、基因技术、未来网络、深海空天开发、氢能与储能等，我国的未来产业目前还处于创新发展中。数字经济加速赋能千行百业，加装"数字引擎"成为"必修课"，我国各地已建成的数字化车间和智能工厂超过 8000 个，智能制造新场景、新方案、新模式不断涌现。随着大数据、云计算、人工智能、区块链等新技术加速进化，海洋产业、新能源汽车等新产业活力涌动。带动这些"新"，推动高质量发展，需要增强"创新"这个第一动力，也需要加快形成新质生产力这个新动能。

本书紧扣当前热点，详细阐述了数据要素、数字经济以及数字经济发展中的新动能——新质生产力的内涵、发展与实践，并对数字经济发展提出展望与建议。本书适合信息通信、互联网、电子软件等相关领域从业人员，相关专业的高校师生以及对数字经济、新质生产力发展感兴趣的社会各界人士阅读。

由于新质生产力是一个全新的概念，其发展及其在相关领域内的实践尚处于积极研究与探索的阶段，我们希望通过本书向广大读者传递新质生产力与数字经济的基本知识、树立新质生产力发展理念，希望新质生产力这颗小小的"种子"种在每个人的心中，让大家成为践行发展新质生产力的"育苗人"，让新质生产力开出创新实践之"花"，结出高质量发展之"果"。因认知水平与研究能力有限，本书难免有不足之处，欢迎广大读者不吝赐教。

作者

2024 年 3 月

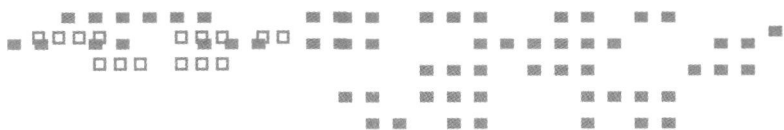

─ 目录 ─

<<< 第1章　数据要素发展日新月异 >>>

<<< 第2章 数字经济发展突飞猛进 >>>

<<< 第3章 数字经济实践方兴未艾 >>>

≪≪≪ 第4章 新质生产力发展如日方升 ≫≫≫

<<< **第5章 新质生产力推动数字经济发展欣欣向荣** >>>

⫷⫷⫷ 第6章　新质生产力推动数字经济步入康庄大道 ⫸⫸⫸

第 1 章

数据要素发展
日新月异

自人类社会进入信息时代以来，数字技术的快速发展和广泛应用衍生出数字经济。与农耕经济、工业经济有所不同，数字经济是一种新的经济、新的业态，将引发社会的整体性深刻变革。数字经济的内涵较为宽泛，凡是直接或间接利用数据要素来引导资源发挥作用，并且促进生产力发展的经济形态，都可以纳入数字经济的范畴。确切来讲，数字经济是以大数据、云计算等技术为基础，以现代信息网络为主要载体，以产业融合为发展动力，以信息通信技术融合应用、全要素数字化转型为重要推动力，促进公平与效率更加统一的新经济形态。

本章将从数据要素化与要素数据化的概念入手，通过对数据要素确权与交易以及数据要素实践案例进行分析与研究，详细阐述数据要素在数字经济发展中的重要作用，我们可以更好地理解数据要素与数字经济的关系。

1.1 数据要素化与要素数据化

在信息时代，数据被赋予了前所未有的价值。与传统的生产要素数据，数据具有独有的特征，例如获得的非竞争性、使用的非排他性、价值的非耗竭性、源头的非稀缺性等。由于这些独有的特征，数据作为生产要素在涉及产权、流通、共享、定价、使用、获益、安全和隐私保护等方面，不仅存在制度障碍，还缺乏有效的技术支撑。而数据要素化和要素数据化则是数字化转型过程中有效管理和利用数据的两个重要的方式：数字经济的不断发展需要人们充分了解数据要素化中的经济规律，数据要素化的重点是将数据转化为可重复使用的资源，以实现数据价值的最大化；要素数据化则强调将实体经济中的要素转化为数字化的信息，实现要素的高效管理和利用。一些传统要素在大数据、人工智能等技术的支持下，能够得到配置上的优化，并充分释放数据的价值。

1.1.1　数据要素化

1．数据要素化的重要性

数据要素化在当前经济运行中具有非常重要的意义。随着数字化转型的加速，越来越多的业务决策和创新依赖于数据。数据要素化通过将数据转化为可重复利用的资源，能够为组织提供更准确、更可靠和更有价值的信息，进而提高决策效率和竞争力。数据要素化是一个动态发展的过程，即运用全面的、联系的、运动的观点，把握数据特性及其价值运动规律，促进数据流动，并建立数据要素的流通共享机制，更好地发挥数据资源的作用，更高效地激发数据的潜在价值。

数据要素化根据其参与社会生产经营活动的过程，可分为递进的3个阶段：一是资源化，即认识数据的资源属性，这是数据价值释放的前提；二是资产化，即在法律上确定数据的资产属性，这是要素价值得以保障的根本；三是资本化，即实现数据的资本属性，这是要素价值得以释放并创造新价值的途径。

2．数据要素化的应用场景

数据要素化在各个领域都有广泛的应用场景。例如，在金融领域，银行、证券、保险等金融机构利用数据要素化进行风险评估、信用评级、资产配置和投资决策等，以提高效率、降低风险以及优化资源配置。在智慧教育领域，利用数据要素化可以精准地描绘学生的学习画像和教师的教学画像，诊断学生的学习问题和教师的教学问题，并为学生提供个性化的学习路径和学习资源。在智慧城市领域，城市管理部门利用数据要素化监测和分析城市交通、环境、公共安全等方面的数据，精准判断城市管理问题并提供解决方案，以提高城市管理的智能化水平。在新基建领域，5G通信技术、人工智能、工业互联网等充分利用数据要素化，通过采集、传输、存储和智能化处理数据，建设和优化基础设施，推动数据服务应用场景发展。

3. 关键技术

数据要素化是一个国际性难题，需要一系列关键技术的支持。**一是数据采集与存储技术**。数据采集是数据要素化的第一步，它涉及如何从各种数据源中获取、转换数据，并使其标准化。数据存储则需要选择合适的存储介质和方式以保障数据的安全性、可靠性。**二是数据处理和分析技术**。需要解决数据准确性、完整性和一致性等问题，还需要采用适当的数据挖掘、深度学习等数据分析方法和模型，从海量数据中提取有价值的信息，并进行深入分析和预测。**三是数据安全与隐私保护技术**。在数据采集、存储和处理的过程中，需要采取加密技术、访问控制技术、身份认证技术等一系列的技术手段保障数据的安全性和隐私性。**四是数据流通与交易技术**。数据流通和交易是实现数据要素化的关键环节之一。在数据流通方面，需要制定相应的规范和标准来促进数据的交换和共享。在数据交易方面，需要建立完善的数据确权与交易的平台和机制，以便完成数据的定价、交易和结算。

1.1.2　要素数据化

1. 要素数据化的重要性

要素数据化在数字化转型过程中扮演着非常重要的角色。将社会、科技、经济等领域的各类要素转化为可度量、可机读的数据，能够使各类要素变得更加透明，可追溯、可预测和可利用，进而实现更加精确和高效的管理与决策。此外，要素数据化还能够促进信息技术与实体经济的深度融合，推动各行业的数字化转型。

传统的社会、科技、经济等领域的各类要素在数字时代，由于有了大数据、云计算、人工智能等技术，其配置方式也将发生巨大变化。传统要素在数据要素化过程中有3个方面重要作用：一是促进高标准市场体系建设，这是市场配置各类要素资源的决定性作用；二是深化供给侧结构性改革，这是要素数据转化和统一标准有利于数据业务流通的作用；三是创新更完善的业务市场，充分发挥数字技术的赋能作用。

2. 要素数据化的应用场景

要素数据化将传统要素与大数据技术相结合，充分地发挥传统要素的特征，应用范围广泛。例如，在供应链管理领域，企业可以利用要素数据化来实时监控和优化供应链的各个环节，提高供应链的透明度和响应速度。在现有供应链管理的基础上，依靠大数据等新一代信息技术，可以解决一些企业在电商经营中出现的问题。在轨道交通领域，将轨道交通工程档案数字化，使用知识图谱等方法深度挖掘轨道交通档案，通过分析数据的内在规律，辅助交通工程建设与效能提升。在社会治理领域，政府可以利用要素数据化进行数据协同和服务共享，提高防范风险和应对突发事件的能力，提升政府的服务效率。

3. 关键技术

要素数据化是将各种要素通过数字化、标准化的方式转化为数据的过程。在这个过程中，存在一系列关键技术。**一是特征提取与表示技术**。要素数据化需要采用特征提取和表示技术，提取各种要素，并转化为计算机可识别的形式。例如，可以通过图像分割、边缘检测等技术提取图像中的各种特征；可以通过匹配文本特征来提取文本中的语义信息。**二是数据建模与预测技术**。要素数据化的目的是从数据中获取有价值的信息，这需要采用数据建模和预测技术对数据进行深入分析和挖掘。例如，可以通过机器学习、深度学习等技术对数据进行分类、聚类和预测，以便发现数据中的规律和趋势。**三是数据可视化与交互技术**。数据可视化是将数据以图形或图像的形式呈现，以便人们更好地理解和分析数据。同时，还需要采用交互技术增强用户与数据之间的互动性。

1.1.3 数据要素化与要素数据化的区别

从前边的研究可以看出，数据要素化与要素数据化是不同的。

数据要素化侧重于将数据转化为可重复利用的资源，以实现数据价值的最大化。数据要素化主要关注数据的挖掘和分析，从大量原始数据中提取有用的信息，并将其转化为可理解的要素，以支持决策制定和预测分析。数据要素化的主要目的是提高数据的利用效率和价值，本质是让数据通过流通实现规范的社会治理，以提高人民的生活水平。

要素数据化则关注将现实社会、科技、经济等领域中的各种要素（例如，人、财、物、信息等）转化为数字形态，以便进行数据处理和分析。要素数据化的主要目的是针对要素开展智能化管理，以提高经济社会的数字化水平和运行效率。

数据要素化和要素数据化是相互联系、相互促进的过程，共同推动数字化转型。数据要素化可以为要素数据化提供必要的数据支持和指导，将现实社会、科技、经济等领域中的各种要素转化为数字化信息。同时，要素数据化也可以为数据要素化提供更广泛的数据源和更准确的数字形式，促进对数据的深入挖掘和分析。

1.2　数据要素发展优势对比

数据，看不见、摸不着，但我们每个人早已身处数据海洋之中，日常点滴汇聚成经济社会运行中的数据要素。2023年年底，我国数据生产量已经超过32ZB，这表明中国已经成为全球数据大国。万物互联时代，同一个数据不仅可以重复用于不同场景且不会损耗，还可以发挥"乘数"效应，规模效益巨大，这就是数据要素区别于土地等其他要素的特性。数据作为新型生产要素的最大优势，就如同数学算式上从一级运算跨越到二级运算，数据要素带来的是指数级别的倍增。数据要素将与产业相互促进、相互激发，迸发出中国数字经济蓬勃发展的动能。

1.2.1 数据要素的优点

1. 提升数据分析的准确性和深度

通过对数据进行细致的整合和分类，数据要素可以提升数据分析的准确性和深度。**一方面，数据拆分成更小、更具体的要素，可以使数据的含义和关联更加清晰。**通过对数据要素的细分，可以更准确地描述和记录数据，从而提高数据分析的准确性。企业在市场调研中，将调研数据拆分成不同要素，例如，受访者的年龄、性别、收入水平等，可以更准确地分析出不同人群的消费偏好和购买行为。**另一方面，数据要素有助于揭示数据之间的关系，从而提供更深入的数据分析。**对数据要素之间的关系进行建模和分析，可以发现数据中的潜在价值和趋势，进一步深化对数据的理解，提高对数据的利用率。在社交媒体分析中，抖音、小红书等社交媒体平台将用户数据拆分成各类要素，例如，用户兴趣、关注话题、社交关系、消费习惯等。企业通过分析这些要素之间的关联，对用户的兴趣爱好、社交影响力和消费能力进行量化，为精准的个性化推荐和广告提供依据。

2. 提供个性化的数据应用和服务

数据要素的关键在于对现实社会、科技、经济等领域的模型进行量化，从而精准地理解用户的个性化需求、兴趣和偏好。一方面，通过对用户数据进行要素化处理，绘制用户画像，深入了解用户兴趣、需求和行为特征。基于用户画像，精准向用户推荐符合其兴趣和偏好的内容、产品或服务。例如，淘宝、拼多多等电子商务平台，根据用户的购买历史、浏览行为等，向用户推荐符合用户特点的商品，提高用户购买的准确性和满意度。另一方面，数据要素能够根据不同用户的需求和关注点，深入分析其感兴趣的数据要素，提供定制化的数据洞察报告。

数据要素在医疗行业也得到了广泛的应用。通过对海量的影像数据、患者报告数据、电子健康记录和教学数据等进行数据要素化，通过人工智能模型能够从复杂的数据中较为精准地提取出有效的信息，为医学诊断、药物研发、诊断预测等方面的研究提供高效的技术支撑。同时，医生能够根据个人的身体指标、既往病史、生活习惯等信息，提供个性化的健康建议、预防措施和治疗方案，帮助个体实现更好的健康管理。

3. 促进跨领域数据集成和共享

通过将数据拆分成各类要素，实现数据的标准化、互操作性和可组合性，从而促进不同领域的数据集成和共享，实现数据的高效利用。

一方面，数据要素使不同领域的数据能够进行有效集成和共享。通过将数据拆分成各类要素，定义统一的数据标准和格式，确保数据在不同领域之间的互操作性。**另一方面，数据要素使不同领域的数据的集成和链接成为可能。**将来自不同系统和领域的数据进行集成，形成全面且综合的数据集。例如，在实际应用时，将社交媒体数据、消费数据和地理数据等要素进行集成和链接，可以得到更全面的用户画像和消费行为分析，为个性化推荐和市场研究提供精准和深入的洞察。

数据要素为数据的共享和开放提供了基础。例如，在国家层面，将政府公开的人口数据、统计数据、交通数据、气象数据等进行要素化处理，支持各领域开展科学研究和创新应用。同时，对敏感信息进行匿名化和脱敏处理，实施数据访问控制和权限管理，确保数据的隐私性及在跨领域集成、共享和开放过程中的安全性。

4. 促进智能决策和创新发展

数据要素之所以能够促进智能决策和创新发展，关键在于可以提供全面、准确和可信的数据，并能利用数据要素进行高效的数据分析和挖掘。**一方面，数据要素使预测和优化成为可能**。通过对历史数据进行分析，建立预测模型和优化模型，帮助决策者预测趋势，并优化决策和分配资源。例如，在消费市场中，通过对销售数据、市场趋势、季节性要素等进行分析，可以预测产品需求，优化库存管理，做好供应链规划，提高收益和用户满意度。**另一方面，数据要素为创新打下坚实的基础**。对数据要素进行分析和挖掘，可以发现新的关联、趋势和模式，为创新提供启示和支持。例如，在科学研究领域，通过对实验数据、文献数据、基因组数据等要素进行分析，可以发现新的科学规律和发展方向，推动科学创新发展。

通过对数据要素进行建模和分析，可以构建智能系统和自动化决策引擎，实现数据驱动的决策过程。例如，针对城市道路交通拥堵问题，通过对交通流量参数、环境状态、时段等基础数据进行要素化分析，实现自动调整信号灯配时，优化交通流量，减少交通拥堵，不断提高交通通行效率。

1.2.2　数据要素的风险与挑战

1. 数据隐私和安全风险

数据隐私和安全风险的保障问题是数据要素发展中的第一个挑战。随着数据大规模增长和数据要素自动化、智能化处理，个人隐私、商业机密将面临越来越大的安全风险。

（1）数据要素泄露风险

如果数据要素没有得到适当的保护，非法攻击者、内部人员或其他未经授权的人员可能会获取敏感数据，导致个人隐私曝光、商业机密泄露或其他潜在的不良后果。例如，2017年，信用评级机构Equifax遭受了一次大规模的数据泄露，导致约1.4亿人的个人信息被盗取，造成巨大的经济损失和不良影响。

（2）数据要素滥用风险

当商业数据或个人敏感信息被滥用时，容易发生身份信息被盗、诈骗等恶性事件，滥用数据的人可能利用这些信息进行非法活动或非法牟利。在现实世界里，某些公司未经用户同意就收集个人数据，将其用于广告定向投放或销售给第三方公司，侵犯了用户的隐私权。例如，2018年3月，Facebook曝出剑桥分析公司数据泄露事件，剑桥分析公司将未经授权收集的近8700万Facebook用户的数据（包括用户姓名、好友列表、居住地、工作及教育情况等个人信息），用作对选民行为分析，遭到广大用户的投诉，被美国联邦贸易委员会调查。

（3）数据要素篡改风险

数据要素的篡改可能导致信息的不准确和失真。非法攻击者或内部人员可能修改数据，以达到欺骗、破坏等目的。在金融行业，交易数据如果遭受恶意篡改，可能会造成金融市场的混乱和不可预测性。

（4）数据要素规范问题

数据要素的发展需要严格遵守法律法规。随着数据保护力度的不断加大和相关法律法规的不断出台，各组织需要认真遵守并合规执行。2020年，欧盟委员会对Orange公司处以2.2亿欧元的罚款，因其未能遵守通用数据保护条例（General Data Protection Regulation，GDPR）中规定的对用户数据保护的相关要求。

2. 数据的质量和可信度

确保数据的质量和可信度是数据要素发展中的第二个挑战。一方面，在数据要素生命周期中，数据往往来自不同源头，并且不同数据源之间的定义、格式和标准也会不同，这将影响数据要素的一致性。另一方面，数据要素也存在不完整的情况，即数据缺失或缺乏必要的属性信息，这将导致数据分析的局限性和结果的不准确。

数据要素来源多样，包括第三方数据提供商、社交媒体平台等。然而，不是所有的数据来源都是可信的，平台也存在虚假信息或不准确的数据，如果这些数据被用于分析或决策，难免会使决策者得出错误的结论。

3. 数据壁垒和拥有权

数据壁垒和拥有权问题是数据要素发展中的第三个挑战，其争议出现在不同的层面，包括数据访问、数据共享和数据所有权。

第一，数据访问壁垒问题随着数据要素的发展而出现。某些数据受到访问限制，只能由特定组织或个人访问和使用，这会导致其他利益相关方无法获得所需的数据，进而限制了数据的广泛应用和共享。第二，数据要素会受到数据共享限制的影响。当下，某些组织拥有庞大的数据，并希望保持对数据的独有，不愿与其他组织或个人共享，这会出现"数据孤岛"。第三，数据要素也会引发数据所有权的争议。多个组织或个人同时声称对某个数据要素拥有所有权，导致所有权归属不明确，这可能涉及数据的商业价值、知识产权和法律责任等方面的问题，因此确定数据所有权尤为重要。

4. 核心技术和人才资源

核心技术和人才资源是数据要素发展中的第四个挑战，而这个挑战是不可避免的，并且会影响数据的有效管理、分析和应用。随着数据规模和复杂性不断增加，组织需要应用新技术来分析处理大规模数据。然而，新技术往往具有复杂的集成和实施要求，这对组织的技术能力和基础设施提出了挑战。在实际应用中，大数据和人工智能技术往往需要高性能的计算资源和专业的技术团队才能对数据实现驾驭。

数据要素对技术人才的需求不断增加。组织需要具备数据科学、数据工程和数据分析等领域的专业人才来分析处理数据，同时，企业也都在争夺数据科学家和机器学习专家等高级技术人才。然而，市场供应的人才数量有限，技术人才供不应求。

5. 法律和伦理道德问题

法律和伦理道德问题是数据要素发展中的第五个挑战。一方面，组织或个人可能对所产生的数据和数据分析结果主张所有权，从而引发数据所有权和知识产权的争议。另一方面，数据要素的发展需要组织确保数据符合法律法规的要求。例如，我国2020年颁布的《信息安全技术健康医疗数据安全指南》（GB/T 39725—2020），给出了健康医疗数据控制者在保护健康医疗数据时可采取的安全措施；美国1996年颁布的《健康保险可携性和责任法案》提供了医疗保健行业数据信息隐私和安全框架，以保护个人的健康信息免受未经授权的访问和泄露。

数据要素的快速发展引发了数据安全和责任归属问题，组织需要采取适当的措施保护数据安全，以防止数据泄露、未经授权访问和恶意攻击。此外，组织也需要承担保护数据安全的责任，尤其是在数据泄露事件发生时涉及的法律指导、敏感数据治理等。

1.3 数据要素确权与交易

与传统的生产要素相比，数据要素具有虚拟性、流动性、低成本复制性、主体多元性等特点，因此数据交易不能完全照搬传统要素的模式。由于数据要素确权比较难，数据的所有权归属同样很难界定，进而导致数据交易的收益分配主体不清晰。关于数据要素确权问题，中共中央、国务院于2022年12月印发的《关于构建数据基础制度更好发挥数据要素作用的意见》（以下简称"数据二十条"）提出"建立数据资源持有权、数据加工使用权、数据产品经营权"的分置产权运行机制，该分置产权运行机制给数据要素交易及效益分配带来更多实践路径。

1.3.1　数据要素确权

1. 数据确权的内容与研究意义

数据确权即确定数据的权利属性，主要包含两个层面：一是确定数据的权利主体，即谁对数据享有权利；二是确定权利的内容，即享有何种权利。在大数据时代，明确数据相关权益的界定和分配，对于多元数据主体的公平竞争和自由交易至关重要，这将直接影响数据的市场配置效率、使用方式、交易成本和保护范式。

在《中华人民共和国民法典》（以下简称《民法典》）中，物权即权利人对特定物享有直接支配和排他的权利，包括有形资产和无形资产。然而，《民法典》对于数据属于何种资产以及具有何种权利仍未明确规定，只提到有相关法律规定。

有关数据确权的研究主要包括3个方面：一是对数据法律属性的研究，涉及数据是否具备财产属性的争议；二是对数据权属分配的研究，从权利保护和权利持有的角度探讨数据所有者和信息主体的关系；三是关于数据权属界定方式的研究，包括以算法为中心的反向规制和建立在公法上的数据公共秩序的理论。

在大数据时代，数据确权问题受到高度关注，但尚未形成成熟的理论体系，因此，深入研究数据确权的风险挑战和解决途径对推动数据治理和保护信息安全具有现实意义。

2. 数据确权的挑战

（1）数据确权的内容模糊

传统的数据确权制度框架建立在所有权或产权的基础上，包括使用权和收益权等，然而，该制度框架易导致权利内容的多样性和范围的不确定性。在个人信息保护领域，学术观点分为3类：一些学者认为在大数据时代，个人信息问题实质上是个人数据问题，包含在个人信息权利问题的范畴内；一些学者主张严格区分人身属性和以电子化形式记录的个人信息；还有一些学者强调在保护方式上，应优先保护个人数据。

在大数据时代，个人数字定制产品是个人数据商业价值的体现之一，但这一转化过程却常常忽略了个人作为原始数据的来源者应得的回报。受某些因素影响，个人数据很少能转化成相应的市场价值。原始数据提升其商业价值很有必要。数据作为信息载体，由于其特有的新特征，传统数据的确权方式难以区分不同数据控制者之间的利益关系，很难保证数据安全。

（2）数据的总量庞大、内容繁多

在大数据时代，数据的总量庞大、价值稀疏、种类繁多，这从"量""质""类"上增加了数据确权的难度。

第一，数据总量庞大。中国互联网络信息中心发布的第52次《中国互联网络发展状况统计报告》显示，截至2023年6月，我国网民规模达10.79亿人，互联网普及率达76.4%。数量庞大的个人用户产生了海量数据，海量数据不仅增加了数据挖掘和分析的难度，同时在精确衡量数据价值上也变得更加困难，不利于数据确权。

第二，数据价值不高。大数据时代的数据呈现零散分布的特征，原始数据的经济价值微乎其微。通常，我们所说的数据价值是指通过一定的技术手段对信息进行加工处理后，在具体现象和相互传递中所体现的衍生数据。然而，由于大部分原始数据并没有经过加工处理，大幅削弱了大范围数据确权的必要性。

第三，数据种类繁多。庞大的数据量根据不同的分类标准被分为多种类型，例如，个人、企业和政府的数据、原始和衍生的数据及不同内容的数据。由于数据分类标准还未统一，进一步加大了数据确权的难度。

（3）数据的非竞争性和部分排他性

数据确权涉及确定数据的权属问题，包括狭义的所有权和广义的所有权、使用权、收益权、处置权等复合权利。数据确权是市场形成和实现进一步交易的前提，数据的权属确定需要创新性数据产权配合，确保在保护个人数据权益的同时，最大限度地促进数据要素的有效利用。

3. 完善数据确权体系

未来，可以从以下几个方面来完善数据确权体系。

（1）明确数据财产属性和数据权利属性

明确数据财产属性和数据权利属性是数据确权的先决条件和基

本内容。数据确权首先要做到明确数据到底具备哪种权利，如何建立数据保护的法律体系；如果存在权利，又应当以何种财产权制度保障数据权；数据到底是物权，还是债权，又或者是知识产权等其他权利。

目前，数据并未在我国财产权制度保护的范畴内。从我国财产权制度发展的角度来分析，财产权的范畴将根据社会发展的需要不断进行更新、丰富与调整。

（2）确立数据确权划分机制

一是以数据主体分类为基准，探索数据权属划分准则。可以按照数据主体将数据划分为个人数据、企业数据和政务数据，在明确其概念范围的基础上尝试对数据权属做出规定。例如，个人数据在《中华人民共和国网络安全法》（以下简称《网络安全法》）和《中华人民共和国个人信息保护法》（以下简称《个人信息保护法》）中已有相关界定，概念范围相对明确，因此可以将个人数据的基本权利归属于个人。

二是赋予用户个人更多的数据控制权利。数据确权要解决个人、企业、国家等主体之间的权利关系，其核心目的是需要实现对"人"的保护以及对"人"的权利维护。因此，需要在法律法规中赋予个人更多的数据权利，提升个人在数据产权中的地位和话语权，例如，可进一步规定个人的"数据可携带权"。

三是按照数据分类结合主体分类对数据权属进行界定。例如，基础层的原始数据产权属于个人，集合数据的使用权属于数据收集企业，脱敏建模数据的产权属于数据处理平台。

（3）借助监管路径完善数据确权

为全面解决数据权属界定面临的问题和挑战，在完善相关法律制度的同时，还需要积极发挥行政监管作用。

一是提高企业处理数据的透明度。强化对企业数据收集活动的监督检查，要求企业以公开、透明的方式进行数据处理活动，不得以默认、强制等方式对用户个人信息进行收集。同时，要求企业在相关协议中明确告知用户其数据共享的主体和范围，并且不得超出用户的授权范围。

二是严格防控大型企业的数据合并处理，预防数据集中行为。在监管实践中，需要强化对企业数据集中的实质审查，避免企业通过收购、合并等方式集中大量的数据，进而形成"数据孤岛"或难以实现数据的流通。

三是加强数据安全监管，加大个人信息保护力度。违法违规处理用户的个人信息不但有损用户的数据权益，而且严重破坏了数字经济市场的合法秩序。虽然我国的个人信息保护专项整治工作取得了阶段性成效，但是随着行业快速发展，新情况、新问题不断出现，仍需要坚持系统谋划、长远打算。

1.3.2　数据要素交易

1. 数据交易的定义

从经济学的角度对交易的定义来看，交易是对所有权进行合法转移，或通过价格机制在各交易主体间进行生产要素再分配的行为。作为已被确立的第五大生产要素，数据成为数据交易中的交易标的。类比上述定义，可以将数据交易确定为一种以数据生产要素作为商品或服务，通过一定的对价（指当事人一方在获得某种利益时，必须向对方付出相应的代价）进行交易标的即数据资源的转让，实现数据权利的让渡行为。数据交易与传统交易的不同之处在于，卖方在传统交易中同时失去权利与标的物，二者同时流转至买方，而当数据交易完成后，卖方仍占有数据及相关权利，仅是进一步扩大数据的传播或使用。

2. 数据交易的模式与流程

常见的数据交易模式主要有两种，一种是企业间直接进行交易，另一种是交易双方依托中间商促成交易。在大数据技术刚出现和初步发展时，数据交易还处于萌芽阶段，故早期多使用第一种交易模式，具体表现为企业双方达成合作意向后签订合同进行数据交换或数据买卖，这类私下交易往往存在交易规则不规范、交易成本过高等问题，导致早期的数据交易效率低下，不利于数据流通与经济发展。随着交易市场的不断扩张，从我国"引导培育成熟的数据交易平台"的政策要求来看，通过数据交易平台进行数据交易成为未来数据交易的发展趋势。

在数据交易平台进行的交易中，整个交易的基本框架包括数据供应方、数据需求方、数据交易所和监管体系等方面，由数据供应方委托交易平台代理出售交易数据，平台还可以对数据进行再加工、处理收取服务对价；或数据供应方向平台支付佣金后，在平台内与数据需求方独立进行交易。交易平台负有对交易数据进行合法性审查的义务，并在监管机构授权下负责全程交易行为监管。

在整个数据交易的流程中，首先，由数据供应方将确权登记的数据产品和服务作为交易标的，向数据交易所提交挂牌申请。然后，数据交易所在通过对交易标的资格认定后进行标的挂牌。数据需求方则通过数据交易平台寻求所需的数据产品和服务，并在达成交易协议后，依照协议获取数据交易标的。最终，数据交易所向数据需求方发放成交证书，证明交易标的获取合法，并对此次数据交易做登记备案。

3. 数据交易的相关规定

数据交易作为一种以数据为交易载体的制度，关于数据、交易和数据交易管理等一系列规则均涵盖其中。2021年6月通过的《中华人民共和国数据安全法》（以下简称《数据安全法》）规定了国家建立健全数据交易管理制度。其中，第十九条规定："国家建立健全数据交易管理制度，规范数据交易行为，培育数据交易市场。"第三十三条规定："从事数据交易中介服务的机构提供服务，应当要求数据提供方说明数据来源，审核交易双方的身份，并留存审核、交易记录。"

在个人信息保护立法的过程中，也曾对个人信息流动利用等有所关注。2020年10月《个人信息保护法（草案）》（一审稿）第一条规定："为了保护个人信息权益，规范个人信息处理活动，保障个人信息依法有序自由流动，促进个人信息合理利用，制定本法。"其中明确提出"保障个人信息依法有序自由流动"。不过后来考虑到《个人信息保护法》主要致力于对个人信息的保护，而对于信息流动规则等应由其他法律规定，因此在正式发布的《个人信息保护法》中将该句话删除，改为"为了保护个人信息权益，规范个人信息处理活动，促进个人信息合理利用，制定本法"。因此，对于个人信息如何有序自由流动，国家互联网信息办公室在2023年9月起草了《规范和促进数据跨境流动规定（征求意见稿）》，并向社会公开征求意见，征求意见稿明确提到："为保障国家数据安全，保护个人信息权益，进一步规范和促进数据依法有序自由流动。"

在《信息技术 数据交易服务平台 交易数据描述》（GB/T 36343—2018）中，第3.2条规定："交易数据是在数据交易服务平台上供需双方进行交易的合法、合规数据。"第3.3条规定："源数据是数据供方未经过特定需求加工直接用于交易的数据。"第3.4条规定："服务数据是以源数据为基础，经过特定需求加工，满足特定目标的数据。"

综上所述，《数据安全法》中的数据交易管理制度和《个人信息保护法》中的"个人信息不包括匿名化处理后的信息"等作为数据交易的关键前提和制度指引，是数据要素市场化的制度基础。GB/T 36343—2018的相关内容从交易数据的标准化角度进行了细化，也为数据交易提供了必要的指导。

4. 数据交易存在的困难与应对策略

（1）数据集中

数据是一种资源，当积累到一定规模后，通过算法挖掘能够获得数据价值。互联网提升了数据量级，催生了数据应用，数据量级越大，数据价值越高。收集数据的互联网头部企业往往掌握了大量的数据，但并没有动力主动将数据出售给数据需求方。针对此类问题，一方面，促使数据所有者主动分享，但往往较难实现。另一方面，让数据需求方具有更多数据交易的竞争优势，例如，排他性交易（保证只有一个用户）、官方定价等。

（2）数据定价

当前，数据定价尚无法建立公平、均衡的价格体系。由于数据需求方是定制化生成的，数据要素对数据需求方的效用不同，所以不同的数据需求方也会有不同的定价。同时，数据的供给方存在数据权力集中的现象，在市场交易中具有优势，导致数据流通意愿不高。数据定价要避免价格欺诈，防止数据所有者利用数据支配地位进行不正当竞争。针对此类情况，数据定价要区分数据类别，并根据种类确定数据定价的优势在数据供给方还是在数据需求方，对数据供给方有利则定价原则偏向于数据需求方，对数据需求方有利则定价原则偏向于数据供给方。

（3）数据应用创新

一方面，释放数据要素是为了强化创新。未来，从数据到人工智能，从智能终端到数据回传，循环往复，循环对科技进步是至关重要的；另一方面，当前数据交易的立法规范集中于供给方。针对数据交易规则进行限定，同样限定的还有数据交易种类和参与主体。数据需求方对数据的需求极具个性化，例如，语音识别和人脸识别的数据需求完全不同，自动驾驶视觉和智慧城市监控探头的数据需求也完全不同。当限定数据交易的种类和主体时，实际上创新也会被限制。如果要让数据推动创新，则需要让数据重新回到开放、共享的状态。

1.3.3 数据交易中数据确权的价值

我国在政策层面确定数据作为生产要素并指出建立有序的数据市场，这体现了我国对于建立数据有关制度的基本价值判断，即数据流通利用、利益公平分配、数据安全保护，其对应的价值为效率、公平、秩序。

1. 数据确权需促进数据流通

数据的非竞争性与梅特卡夫定律表明，数据的价值挖掘依赖于对数据的重复使用，数据交易的目的也是加强数据的流通共享，以实现数据价值的最大化，进而推动数字经济快速发展。

与传统的物质资源不同，数据具有易复制和易传播的特点，这为数据的开放和共享提供了更多的机会和可能性。数字经济本质上是共享经济的一种形式，数据共享是数字经济发展的重要基础之一，共享经济的发展又使数据红利普惠大众。但当前数据流通严重受阻，平台不愿共享数据，由此引发了多例数据归属的争议。有利于数据流通的市场规则是实现市场化配置的前提，数据流通共享应是制度设计的重要考虑因素之一。

2. 数据确权需体现公平分配

数据交易同样需要遵循分配理论，马克思主义政治经济学认为，生产要素所有者有权在生产中获取应有的回报。党的十九届四中全会通过的《中共中央关于坚持和完善中国特色社会主义制度　推进国家治理体系和治理能力现代化若干重大问题的决定》，提出"健全劳动、资本、土地、知识、技术、管理、数据等生产要素由市场评价贡献、按贡献决定报酬的机制"。

传统生产要素的提供者（或间接提供者）主要是个人，例如，劳动、资本、土地、技术等，数据也不例外。数据创造价值的过程是数据内含信息被解析、提炼和使用的过程，每份数据都因数据主体的独特性而存在特别的价值。因此，数据主体应当因其提供的信息所产生的价值而获益。故而数据要素市场与传统要素市场一样，需要考虑个人参与市场分配的作用。

我国数据的市场化配置，其过程目的是促进数字经济发展，但最终目的是由全体人民共享发展成果。正如"数据二十条"明确指出的"逐步建立保障公平的数据要素收益分配体制机制，更加关注公共利益和相对弱势群体"，只有这样才能保证数据生产者和使用者在市场环境中享有平等的权利和机会，鼓励数据生产者开放和共享数据。

3. 数据确权需保护数据安全

数据要素市场既包括企业之间进行大数据交易的市场，也包括数据主体与数据处理者之间的供需市场。这时，数据市场化配置既要加大数据交易量，也需要降低数据需求者对所需数据的获取门槛，从而促进数据供需的效率。

为了保证数据市场的效率，需要考虑负外部效应。负外部效应指未能在价格中得以反映的，对交易双方之外的第三者所带来的成本。数据市场产生的负外部效应可以被总结为以下4点。

一是数据垄断。一些大型平台或企业形成了对数据市场的垄断或支配地位，从而排挤了其他竞争者，降低了市场的创新和数据工作效率，损害了用户的利益，影响了用户的选择。

二是数据不对称。一些数据主体在与数据处理者进行数据交易时，由于缺乏信息、技术和谈判能力，无法获得与其数据价值相匹配的报酬，最终导致数据市场的不公平和处理效率低下。

三是数据外溢。一些数据使用者在使用他人提供的数据时，可能会无意或有意地将这些数据泄露给第三方，从而侵犯了数据提供者的隐私权、知识产权或商业秘密。

四是数据污染。一些数据使用者在使用数据时，可能会篡改、伪造或污染所使用的数据，从而影响了数据的质量和可信度。

在设立数据产权制度的过程中，有必要考虑如何促进市场的竞争和创新，推动建立更加透明有效的数据市场，通过产权设置让权利人能够监督和管理自身数据的质量、准确性和可靠性等，限制他人随意访问、使用和共享部分风险等级较高数据的行为，以此实现数据治理和安全保护，降低数据的负外部效应。

1.4 数据要素在数字经济发展中的作用

数据是数字经济的关键核心要素，赋能数字经济发展。随着数字时代的到来，数字经济已经成为重组全球要素资源、重塑全球经济结构、改变全球竞争格局的关键力量。《中华人民共和国国民经济和社会发展第十四个五年规划和2035年远景目标纲要》明确"数字化"在我国现代化建设全局中的重要地位，提出加快建设数字经济的总体目标，描绘了建设数字中国的宏伟蓝图。而发展数字经济离不开数据，数据要素在数字经济发展中扮演了非常重要的角色。

1.4.1　生产要素数字化促进企业数字化转型

推进数字化转型是实现制造业高质量发展的关键举措。传统制造业在数字时代发展遇到前所未有的阻力，如何适应数字时代成为摆在制造业企业面前的难题。传统生产要素也是数据要素化进程的一部分，实现传统制造业数字化转型升级，生产要素数字化是至关重要的。

传统制造业企业又被称为"黑箱"，其原因在于只有最初的原材料投入和最终的成品产出是可见的，其间的生产和管理等过程的隐性作用机制通常不被揭示。而实现生产要素数字化有助于我们打开"黑箱"，了解企业生产过程内部的运作机制，促进数据透明化。随着"黑箱"被打开，产品生产过程中的若干细节以数字形态被展示出来。得益于这些数据，企业管理人员可以直观、全面地了解产品生产全链条，及时发现并纠正产品生产环节中存在的问题。

在传统运营模式下，企业基本不具备对海量数据进行采集、存储和挖掘分析的能力，也无法发挥数据要素的价值及其赋能作用，这导致与企业生产息息相关的数据容易被忽略甚至被丢弃。实现生产要素数字化可以提高企业对数据的处理能力，分析生产过程收集的数据可以显著提高企业的创新能力。传统企业数据大多是离散的，各个部分之间难以建立起关联，离散的数据导致"数据孤岛"的形成，仅分析单个部门的数据显然是有局限性的，难以建立起对数据系统全面的认识。而在数字时代，随着数据分析服务的兴起，企业数据的采集、存取和挖掘分析不再是难题。从海量数据中筛选对分析有价值的数据，舍弃冗余的数据，确保分析结果的准确和可靠；同时，原本看似相互无关的数据被串联，形成完整的数据链条，分析相互关联的数据可以建立起对海量数据的宏观认识，帮助企业管理人员发现数据中存在的巨大潜在价值，这些价值对企业进行数字化转型升级起到至关重要的作用。

1.4.2 数据要素在数字经济中扮演重要角色

2020年4月，《中共中央 国务院关于构建更加完善的要素市场化配置体制机制的意见》印发，其中指出，数据与土地、劳动力、资本、技术并列为生产要素。这凸显了数据这一新型、数字化生产要素的重要性。

数据作为新的生产要素主要包含以下特性：数据要素具有非常强的流动性，往往可以自由地流向数据传递链条中的任何一个环节，不会因为某个节点的缺失而造成数据无法正常传递；数据要素同时也具有非竞争性，非竞争性一般指一个使用者对该物品的消费并不减少它对其他使用者的供应，数据作为一种可以广泛传播的资源类型，自然不会因为使用者的使用而消失，数据所有者可以自由地将自己所掌握的数据交付给他人使用，且不会产生任何损耗；数据生产要素的非竞争性进一步产生了规模价值递增效应，这表明随着数据量的激增，数据给使用者带来的价值也是逐渐增长的，进而带来生产效率的提升。

生产要素是组成生产力的关键，而生产力是社会经济发展的根本动力。在数据的作用下，土地、劳动力、资本和技术等要素也被赋予了新的内涵，例如，土地中各种营养成分信息可以以数据的形式展示出来，通过比较种植作物营养成分需求和土壤现有营养物质含量差异，可以帮助人们科学合理地决策种植作物的类型，以及及时为种植作物补充缺少的营养成分；使用流程图等数据可视化的方式呈现出资本流向及市场行情变化，可以帮助投资者更好地决策。以上两个实例表明，由这些新生产要素所构成的新生产力，正在推动人类社会进入数字经济新时代。

1.4.3 数据要素创新激活数字经济发展潜能

在数据要素化的进程中，创新一直是推动数字经济快速发展的动力，我国创造性地提出了多项数据要素化的创新制度，尝试利用制度创新激活数字经济创新的潜能，推动数字经济快速发展。

一是建立数据产权结构性分置制度。对公共数据、企业数据和个人数据分类分级问题建立确权制度，明确数据流转过程中各参与方所享有的合法权益，杜绝数据滥用事件发生；推动数据处理者依法依规对原始数据进行开发利用，支持数据处理者依法依规行使数据应用相关权利，在最大程度上发挥数据的价值，促进数据使用价值的复用与充分利用，促进数据使用权交换和市场流通，审慎对待原始数据的流转交易行为。

二是实施公共数据确权授权机制。加强汇聚共享和开放开发，强化统筹授权使用和管理，推进互联互通，打破"数据孤岛"。已获得确权授予的公共数据应在保护用户隐私的前提下以模型、核验等产品和服务的形式面向社会提供；依法依规对予以保密的公共数据，即未获得确权授予的公共数据不予开放，严格管控未依法依规公开的原始公共数据直接进入市场，保障公共数据来源者和数据处理者的利益。

三是建立健全企业和个人信息数据确权授权制度。对各类市场主体在生产经营活动中进行采集加工的不涉及个人信息和公共利益的数据，市场主体享有依法依规持有、使用、获取收益的权益，保障其投入的劳动和其他要素贡献获得合理回报，加强数据要素供给激励。鼓励探索企业授权使用新模式，发挥国有企业的带动作用，引导行业龙头企业、互联网平台企业发挥带动作用，促进与中小微企业双向公平授权，共同合理使用数据，赋能中小微企业数字化转型；对承载个人信息的数据，推动数据处理者按照个人授权范围依法依规采集、持有、托管和使用数据，规范对个人信息的处理活动，不得采取"一揽子"授权、强制同意等方式过度收集个人信息，促进个人信息的合理利用。对涉及国家安全的特殊的个人信息，可依法依规授予有关单位使用，从源头保障国家安全；规范企业采集使用个人信息的行为，确保企业只采集为用户提供服务的必要的个人隐私信息，坚决抵制企业滥用用户的个人隐私数据。建立健全企业和个人信息确权授权制度可以有效保障企业数据和个人数据的安全，在数字经济的发展道路上发挥举足轻重的作用。

四是健全数据要素各参与方合法权益保护制度。数据要素各参与方主要包括数据来源者和数据处理者，各方应当享有不同的数据权益，根据各方权益要求应当建立不同的权益保护制度。建立相关制度保护数据来源者的合法权益，推动基于知情同意或存在法定事由的数据流通使用模式，保障数据来源者享有获取或复制转移由其促成产生数据的权益；建立相关制度保护数据处理者使用数据和获得收益的权利。保护经加工、分析等形成的数据或数据衍生产品的经营权，依法依规规范数据处理者许可他人使用数据或数据衍生产品的权利，促进数据要素流通复用。针对不同数据要素参与方建立不同的权益保障机制，可以在发生数据确权纠纷时最大程度保护各数据参与方的利益。

1.4.4　数据要素推动供给侧结构性改革

当前，制约数据要素有效发挥的主要矛盾是经济社会对高质量、高价值数据的需求与不平衡不充分的供给之间的矛盾，针对数据要素化的供给侧结构性改革迫在眉睫。

供给侧结构性改革的主要目的是让企业和人民群众拥有可持续的数据财富获得感。所谓"获得感"是一种人民群众有所呼，改革有所应的呼应感，是一种让人民群众得实惠的受益感，是一种使人民群众的数据权益得到保护的尊严感，是一种让人民群众成为数据要素化主角的参与感。只有如此，供给侧结构性改革才能稳定有序地进行下去，持续为数字经济发展贡献强劲的动力。

1.4.5　数据要素为数字经济发展带来机遇

数据要素作为新型生产要素，是数字化、网络化、智能化的基础，加快培育数据要素市场，有利于进一步激活数据要素潜能，释放数据要素价值，发挥数据要素在数字经济发展中的重要驱动作用，是促进高效数据要素流动和优化配置的重要起点，也是提高我国数字经济全球化竞争力的重要途径。

我国在数据储量和使用上已经取得了长足进展，在体量上已经走在了世界前列。2022年，我国大数据产业规模达1.57万亿元，同比增长18%；数据产量达8.1ZB，同比增长22.7%，占全球数据总量的10.5%，数据总量常年保持在国际领先水平，这为我国数字经济的发展创造了巨大的优势条件。同时，大数据技术的蓬勃发展也为数据使用提供技术支持。得益于大数据技术，原本隐藏在海量数据中不可见但有价值的信息被揭示，成为制定经济政策的重要导向。

例如，在移动支付技术应用方面，我国长期处于全球领先地位。早在2018年，我国处理移动支付业务达5300多亿笔，金额超过 440 万亿元。以云闪付、支付宝和微信为代表的支付产品在为人们的日常生活提供便捷的同时，也成为推动我国货币数字化的关键引擎。得益于移动支付技术，人们在消费时不再需要准备现金，直接使用手机等便携终端设备扫码支付即可完成交易；收银人员也不再需要向用户找零，加快了完成单笔交易的速度。这正是数字技术带来的巨大福利。

综上所述，数据要素化在数字经济发展中起到了至关重要的作用。数据要素化通过重大机制和制度创新激发数字经济发展的潜能，源源不断地为数字经济发展注入创新力量，持续推动数字经济高质量发展；数据要素化加快促进传统生产要素数字化的进程，推动传统制造业企业转型升级，解决传统制造业只有最初的原材料投入和最终的成品产出显性可见，以及企业数据收集、处理和加工能力弱两个突出难题，助力数字经济向着制造业数字化方向发展；数据要素化将数据作为一种新的生产要素，通过和土地、劳动力、资本、技术等生产要素深度融合，赋予原有的土地、劳动力、资本和技术等要素新内涵；数据要素化要求进行供给侧结构性改革，并以此来解决当前制约数据要素有效发挥的主要矛盾，扫清我国数字经济发展中遇到的障碍，提高我国数字经济治理能力；数据要素化不仅局限于当下，也为数字经济带来前所未有的发展机遇。

1.5　小结

本章系统地介绍了数据要素化与要素数据化的概念、数据要素发展的优势对比以及数据要素在数字经济发展中的作用。首先，明确了数据要素化和要素数据化是数字化转型过程中利用数据和有效管理的两个重要方式。其次，分析了数据要素发展的优势与在数字经济发展中的作用。特别是对数据要素创新激活数字经济发展潜能，促进企业数字化转型发展，推动供给侧结构性改革提升数字经济治理能力等方面进行分析与研究。通过本章，我们对数据要素在数字经济发展中的作用有了清晰认识，发展数字经济离不开数据，数据要素化在数字经济发展中扮演非常重要的角色，"数字化"在中国式现代化建设中起到关键性"加速器"作用。数字时代所带来的发展机遇是前所未有的，抓住数字经济发展机遇，是确保我国数字经济发展行稳致远的关键。

第 2 章

数字经济发展
突飞猛进

数字经济是当今世界经济发展的重要引擎之一，它以数字技术为核心，通过信息化、智能化手段，深刻改变着人们生产、流通、消费等方面的经济活动。

数字经济的快速发展也伴随着一系列新的挑战和问题。信息安全、隐私保护、技术标准等方面的争议成为制约数字经济发展的重要因素。同时，数字经济的发展也引发了一些社会问题，例如，"数字鸿沟"问题日益凸显，信息不平等现象加剧。与此同时，技术发展带来的隐私、安全、伦理等问题也引发了广泛关注和讨论。因此，本章将通过对数字经济的概述并结合国内外数字经济发展的具体案例，全面了解数字经济的本质、特点，以及在国内外发展的现状。通过深入挖掘数字经济发展的内在机制和影响因素，我们可以更好地把握数字经济发展的脉络。

2.1　国外数字经济发展状况

全球范围内，数字化手段促使经济全球化进程不断加速，跨国合作在信息传递、科技创新等方面形成紧密联系。发达国家在大数据、人工智能等领域的持续创新推动了数字经济的蓬勃发展，这也说明了数字经济发展是一个多维度、跨领域的全球现象。

2.1.1　数字经济在国际舞台上的重要性

世界正经历百年未有之大变局，数字经济在国际上的重要性日益凸显，对全球经济产生了深远影响。

数字经济推动了全球产业结构变革。随着信息技术的飞速发展，传统产业正在向数字化、智能化转型。目前，绝大多数传统行业并没有及时跟上市场的变化，存在一定的滞后性，缺乏创新性和品牌竞争力。因此，传统行业的数字化转型极为重要，数字化转型有利于增强产品的创新力，顺应消费升级，减少无效供给，提高服务效率。数字经济催生了新的经济增长点，推动了创新和创业活动，而那些能够灵活开展数字化转型的企业才更有可能在全球市场中脱颖而出。

数字经济改变了国际贸易格局。数字技术的出现和发展降低了企业进口与出口的门槛和成本。在传统模式下，企业的进口与出口需要跨境进行订单细节的磋商以及商品交付等。而电子商务的兴起使得商品和服务能够快速地跨越国界，企业可以通过互联网展示商品，获取海外订单，加快数据和商品的流通速度。数字平台和在线市场打通了全球供应链，促进了国际贸易的便捷和高效开展。由于跨境交易成本巨大、生产销售效率低、交易周期长，使实力较弱、缺乏专业人员的中小企业很难进入国际贸易市场。而通过数字化手段，中小企业也有机会参与全球价值链，且因其结构简单，对市场的响应速度较快，在国际贸易竞争中反而具有较大的优势，这将改变国际贸易格局，促进全球经济的协同发展。

数字经济提升了国家竞争力。数字经济是当前经济发展的主要增长点，拥有先进的数字技术和数字基础设施的国家更有可能在全球经济中占据领先地位。数字经济的发展可以反映出一个国家的科技发展水平，显现出一个国家的战略地位，大数据、人工智能、物联网等新一代信息技术的应用使得国家能够更好地管理资源、提高生产效率，从而增强国家的整体竞争力。因此，许多国家都在抢先发展数字经济，加强在相关领域部署基础设施。数字经济体现了信息技术的创新和产业的融合，发展数字经济对提升国家竞争力具有重要意义。

数字经济对社会生活产生广泛而深远的影响。数字化手段使人们的生活更加便捷，在医疗、教育、娱乐等领域都得到了体现。同时，数字化还带来了新的社会和文化现象，例如，数字化媒体的兴起和社交网络的普及使社交和文化传播的方式发生了深刻的变革。

总而言之，数字经济成为国际经济发展的重要引擎，塑造了新的经济格局。世界各国应加强国际合作，共同应对数字经济带来的机遇和挑战，推动全球经济朝着更加数字化、智能化的方向发展。

2.1.2 国外数字经济的发展对比

数字经济的发展在全球范围内呈现出多样性和复杂性，世界各国在数字技术应用、创新能力、数字基础设施、政府政策等方面存在差异，影响了其数字经济的发展水平。

中国信息通信研究院在2023全球数字经济大会上发布的《全球数字经济白皮书》显示，随着互联网技术和相关产业的蓬勃发展，全球各国的数字经济发展呈现持续增长的趋势。具体而言，2022年，美国、中国、德国、日本和韩国5个世界主要国家的数字经济总量达到31万亿美元，数字经济占全球GDP的比重为58%，比2016年提升了约11个百分点。与此同时，数字经济规模同比增长了7.6%，增速高于GDP增速5.4个百分点。这表明，全球主要国家在数字经济领域的竞争日益激烈，各国都在积极推动数字经济的发展，以适应快速变化的科技环境。下面我们将对美国、日本、德国、韩国和印度等主要国家的数字经济发展情况进行对比和分析。

1. 美国：科技创新的引领者

美国作为全球数字经济的引领者，在人工智能、云计算、大数据等领域，美国处于全球领先地位。其头部科技企业在全球市场具有显著的影响力，例如，谷歌、苹果、亚马逊等。美国政府一直在推动数字化转型，通过鼓励创新、投资基础设施建设及保护知识产权等手段，支持数字经济的健康发展。成熟的创新生态系统和先进的高校科研水平为数字经济打下了坚实的基础。以硅谷为代表的科技创新中心培育了例如谷歌、苹果、亚马逊等世界知名科技公司，在数字教育体系培养了大量高素质科技人才，进一步促进了数字经济的蓬勃发展。

2. 德国："工业4.0"的领导者

德国在数字化转型方面取得了显著进展，尤其以"工业4.0"为代表。德国制造业的数字化水平较高，通过智能制造、物联网等技术的应用，提高了生产效率和产品质量。德国在金融科技、人工智能和大数据等领域也有一些创新成果。然而，相较于美国和中国，德国数字经济相对分散，市场集中度较低。

3. 日本：传统科技与数字化转型的结合

日本以汽车、电子等传统产业而闻名。近年来，日本政府开始加大在人工智能、机器人技术等领域的研发投入，推动产业数字化转型。随着全球数字化发展趋势的加速，日本更加重视传统科技与数字化转型的结合，逐渐加大数字经济的投入。

4. 韩国：高度数字化社会发展

韩国是一个高度数字化的社会，拥有强大的互联网基础设施，智能手机普及率高。韩国在移动通信技术、电子游戏产业及半导体制造等领域取得了显著进展。数字支付、电子商务和在线服务在韩国得到广泛应用，形成便捷的数字化生活方式。政府在数字经济方面制定了积极的政策，推动企业创新和数字化转型。

5. 印度：数字金融和软件服务的领导者

印度在软件开发和信息技术服务方面取得了显著的进展，是全球IT服务的主要提供国之一。数字支付、电子商务和移动技术在印度得到广泛应用。印度政府通过"数字印度"计划推动企业数字化转型，促进数字金融的普及。然而，印度仍然面临"数字鸿沟"、基础设施不足等挑战。在全球数字经济竞争中，印度需要继续加大在数字技术研发、人才培养和基础设施建设方面的投入。

这5个国家在数字经济发展上呈现多样性，各有其独特的优势和上述面临的挑战。美国拥有的强大的创新生态系统，德国以"工业4.0"为抓手，日本在传统产业和数字化转型中寻求平衡，韩国构建了高度数字化社会，而印度在软件服务和数字金融方面表现突出。其共同的挑战包括数字隐私、网络安全、人才短缺等问题。在全球化的背景下，各国需要共同努力，制定国际标准，推动数字经济的可持续发展，实现共赢。

2.1.3 国外数字经济的基本特征

随着科技的迅猛发展和全球化的推动，数字经济在国际舞台上崭露头角，成为推动经济增长、提高效率和促进创新的重要引擎。国外数字经济呈现出一系列独特而引人注目的基本特征，这些特征不仅反映了数字经济的发展现状，也为其他国家提供了宝贵的经验和启示。

国外数字经济的基本特征如图2-1所示。

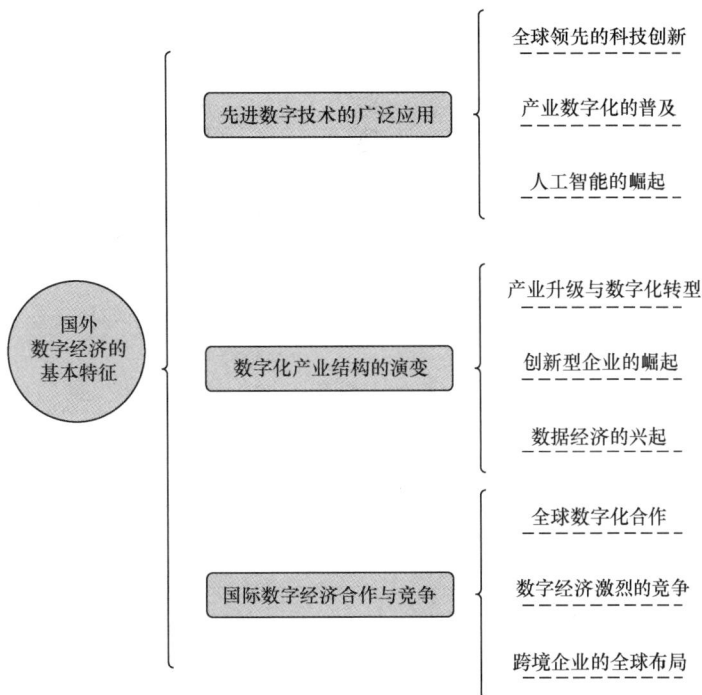

图 2-1　国外数字经济的基本特征

1. 先进数字技术的广泛应用

（1）全球领先的科技创新

国外数字经济的显著特征之一是对先进数字技术的广泛应用。发达国家在信息通信、人工智能、大数据、物联网等领域拥有全球领先的科技创新能力。先进的数字技术，例如，云计算、区块链、人工智能等，被广泛应用于各行各业，推动了数字经济的转型升级。

（2）产业数字化的普及

先进数字技术的广泛应用推动产业数字化的普及。制造业、金融业、医疗业等传统行业纷纷采用数字技术进行转型，实现生产、管理和服务的数字化。数字化产业结构不仅提高了效率，还催生了例如共享经济、电子商务等新的商业模式。

（3）人工智能的崛起

国外数字经济的另一个显著特征是人工智能的崛起。机器学习、自然语言处理、计算机视觉、类脑计算等人工智能技术被广泛应用于语音助手、智能制造、智能交通等领域。人工智能的发展促进智能化产品和服务的大规模部署，进一步推动了数字经济的发展。

2. 数字化产业结构的演变

（1）产业升级与数字化转型

国外数字经济的产业结构正在历经深刻的变革。传统产业通过数字化转型实现升级，数字技术嵌入生产、销售和服务等各个环节。制造业采用工业互联网、物联网等技术实现智能制造，金融业通过金融科技提升服务效能，服务业通过数字化提升用户体验。

（2）创新型企业的崛起

数字化产业结构的演变催生了一批创新型企业。这些企业以科技创新为驱动，灵活运用数字技术，通过创新商业模式和服务理念，迅速在市场中获得竞争优势。创新型企业的崛起推动了整个国家数字经济的创新发展。

（3）数据经济的兴起

数字化产业结构的演变带动了数据经济的兴起。大数据作为数字经济的基础，通过收集、分析和应用海量数据，为企业提供商业洞察、个性化服务等。数据经济的发展成为数字经济的重要支撑，也为产业结构的升级提供了新的动力。

3. 国际数字经济合作与竞争

（1）全球数字化合作

国外数字经济的全球化特征表现为国际数字经济合作的广泛展开。发达国家之间在数字技术标准、跨境数据流动、人才流动等方面开展合作，推动全球数字经济的共同繁荣。数字化合作不仅涉及政府层面，也包括跨境企业和科研机构之间的合作。

（2）数字经济激烈的竞争

国外数字经济的发展伴随着激烈的竞争。世界各国力争在核心技术、数字创新和人才引进等方面取得领先地位。在数字化产业结构的演变中，一些国家诞生了具有全球竞争力的企业，形成数字经济领域的竞争新格局。

（3）跨境企业的全球布局

跨境企业在国际数字经济竞争中发挥着重要作用。它们通过在全球范围内建立研发中心、分公司和合资企业等方式，实现技术和市场的全球化布局。这种全球化布局不仅促进了企业自身的发展，也推动了国际数字经济的发展。

国外数字经济的基本特征集中体现在先进数字技术的广泛应用、数字化产业结构的演变，以及国际数字经济合作与竞争等方面。这些特征共同构成国外数字经济的独特面貌，为全球数字经济的发展提供了有益的借鉴和启示。

2.1.4　国外数字经济的驱动因素

国外数字经济的驱动因素有多个方面，其中，科技创新与研发投入、教育与人才培养、法律法规与政策、国际市场需求等因素起到了关键的作用。国外数字经济发展的驱动因素如图2-2所示。

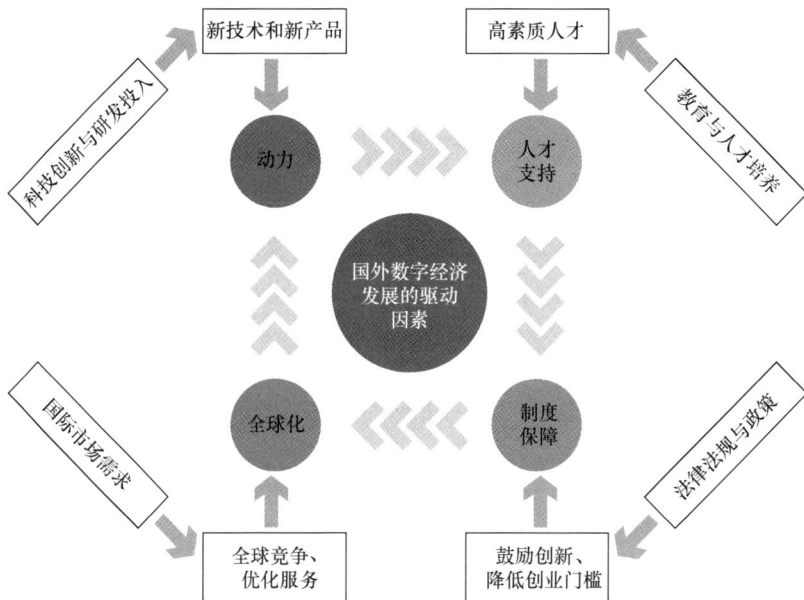

图 2-2　国外数字经济发展的驱动因素

1. 科技创新与研发投入

科技创新是国外数字经济蓬勃发展的核心驱动因素之一。发达国家注重在信息通信、人工智能、物联网和大数据等领域进行前沿研究，科技成果不断推陈出新，引领数字经济的发展方向。

大量的研发投入为科技创新提供了技术支持。发达国家科技头部企业（例如，谷歌、苹果、微软等）在研发领域投入了巨额资金，推动新技术发展和新产品涌现。与此同时，中小型企业在数字技术研发上也加大投入，共同促进数字经济的创新发展。

2. 教育与人才培养

国外数字经济的发展与教育体系的密切关系不可忽视。发达国家注重培养适应数字经济需求的高素质、高技能人才，包括计算机科学家、数据分析师和人工智能专家等。优质的教育资源为数字经济提供了源源不断的人才支持。数字经济发展不仅需要有专业技术人才，还需要具备创新能力、跨学科背景的综合型人才。国外高校和培训机构通过不断革新教学方法，拓展课程设置，致力于培养适应数字时代的创新型人才。

3. 法律法规与政策

国外政府在推动数字经济发展上发挥了引导和支持的作用，通过制定相关法律法规，鼓励创新，降低创业门槛，为数字经济提供了有力保障。同时，政府在创新企业的资金、税收、知识产权保护等方面，为企业创新提供了法律法规与政策上的支持，推动数字经济快速发展。

4. 国际市场需求

国际市场需求的增加加剧了企业间的竞争，使企业不断提升数字技术水平，优化服务体验。这种竞争机制促使数字经济在全球范围内不断迭代，为全球用户提供优质的数字化产品和服务。

国外数字经济的发展离不开这些驱动因素的相互作用和综合影

响。科技创新为数字经济提供了源源不断的创新动力，教育与人才培养构建了强大的人才基础，法律法规与政策为数字经济提供了有力的制度支持，而国际市场需求则推动了全球数字经济发展。这些因素相互交织，形成一个有机的整体。

2.1.5　国外数字经济发展的成功经验

国外数字经济发展的成功经验涵盖了数字化创新的典型案例、跨境企业的数字化战略，以及国际合作与经验共享等多个方面。这些经验不仅为该国数字经济的发展提供了启示，也为全球数字经济的共同繁荣贡献了经验和智慧。

1. 数字化创新的典型案例

（1）苹果公司的创新生态系统

苹果公司作为全球领先的科技公司之一，以其创新的生态系统而闻名。苹果通过整合硬件、软件和服务，构建了一个无缝衔接的数字化生态系统，包括iPhone、iPad、Mac、iOS等产品和平台。这种一体化的数字创新模式不仅提升了用户体验，也推动了全球移动应用开发和数字内容产业的繁荣。

（2）谷歌公司的搜索引擎和广告模式

谷歌公司凭借搜索引擎和广告模式创新取得了巨大的成功。谷歌搜索引擎通过强大的算法和大数据处理技术，为用户提供精准化、个性化的搜索结果。同时，通过广告模式创新，实现了搜索广告的精准投放，为企业提供了高效的推广渠道。这一数字化创新在全球范围内改变了信息检索和广告营销的方式。

（3）德国的"工业4.0"

德国在制造业的数字化创新方面表现突出，提出了"工业4.0"的概念。通过应用物联网、云计算、大数据等技术，德国将传统制造升级为智能制造，实现了生产全过程的数字化、自动化和智能化。"工业4.0"的成功实践使德国在全球制造业领域保持了领先优势。

2. 知名企业数字化战略

（1）亚马逊数字化零售服务

亚马逊是一家以数字化为核心的全球性电子商务头部企业。通过建立先进的物流和供应链系统，亚马逊实现了商品的快速配送和用户体验的不断提升。亚马逊的数字化战略还包括人工智能技术的应用，通过智能推荐和个性化服务吸引用户，构建了庞大的数字化零售生态系统。

（2）IBM企业数字化服务

IBM以其在企业数字化服务领域的深厚积累而闻名。IBM通过提供云计算、人工智能、区块链等技术服务，帮助企业实现数字化转型。IBM的数字化战略强调为企业提供全方位的数字解决方案，包括数据分析、安全服务等，推动了全球企业的数字化进程。

（3）腾讯数字化服务

腾讯作为中国领先的科技公司，因其数字化的生态战略而备受瞩目。从社交媒体、在线支付到数字娱乐，腾讯在多个领域构建了强大的数字化服务生态系统。腾讯的数字化战略的核心在于涉足多个互联网领域，实现了用户留存和服务的深度融合。

3. 国际合作与经验共享

（1）欧盟数字单一市场

欧盟通过推动数字单一市场的建设，促进了成员国数字经济的共同发展。这一合作机制包括数字基础设施的协同建设、数字技术标准的统一制定，以及数字创新的跨境合作。数字单一市场为欧盟成员国提供了更大的市场规模和更便利的数字化环境。

（2）国际标准化组织的协同工作

国际标准化组织（International Organization for Standardization，ISO）在数字经济领域的标准制定中发挥着重要作用。ISO致力于推动全球数字经济的互操作性和标准化，促进国际数字技术的共享和应用。各国通过积极参与国际标准的制定，实现了数字经济领域经验的共享和协同发展。

（3）跨境企业的技术合作

跨境企业通过技术合作实现全球范围内的资源整合，在数字经济发展中发挥着重要作用。例如，中美跨境科技公司之间的技术合作不仅推动了技术创新，也促进了两国数字经济的共同繁荣。这种经验共享模式为全球数字经济的可持续发展提供了良好的合作范例。

国外数字经济的成功经验凸显了数字化创新的重要性，以及跨境企业的数字化战略和国际合作的必要性。这些经验为其他国家提供了有益的启示，强调了科技创新、产业升级和国际合作等。

2.1.6　国外数字经济的挑战与应对策略

国外数字经济在取得显著成就的同时，也面临着一系列的挑战。这些挑战涉及隐私与数据安全、全球"数字鸿沟"、法律法规与跨境合规，以及未来趋势与战略调整等方面。为了有效应对这些挑战，各国需要采取综合性的策略和措施。

1. 数据与隐私安全挑战

（1）数据泄露与隐私侵犯

随着数据的大规模收集和应用，数据泄露和隐私侵犯问题日益凸显。个人信息可能被非法获取和滥用，导致隐私被侵犯，进而出现信任危机。公共信息可能会被滥用或篡改，导致公权力失信。

（2）应对策略

应对隐私与数据安全的挑战，需要加强数据保护法律法规的制定和执行，提高数据加密和安全存储技术，加强数据使用的透明度和合规性，同时加强公众教育，增强安全意识，促进用户自主管理和保护好各类数据。

2. 全球"数字鸿沟"问题

（1）数字技术的不平衡发展

发达国家在数字技术和基础设施建设方面发展领先，而发展中国家面临数字技术和资源短缺的问题，导致全球"数字鸿沟"问题日益加剧。

（2）应对策略

为了缩小全球"数字鸿沟"，需要加强国际合作，提供技术援助和资源支持，促进发展中国家在数字技术和基础设施建设方面快速发展，同时推动多边机构和国际组织在数字经济领域开展合作。

3. 法律法规与跨境合规挑战

（1）跨境数据流动与合规性

随着数字经济的全球化发展，跨境数据流动成为常态，但不同国家和地区的数据保护法律法规存在差异，增加了跨境合规成本，加大了合规风险。

（2）应对策略

为了应对法律法规与跨境合规的挑战，需要加强国际法律法规的协调和整合，推动建立统一的数据保护标准和合作机制，促进跨境数据流动的便捷和安全，同时加强企业的内部合规管理和风险控制。

4. 未来趋势与战略调整

（1）技术创新与产业变革

未来，数字经济将继续面临技术创新和产业变革的挑战，需要不断调整战略，加强技术研发，提高创新能力，适应市场和用户需求的快速变化。

（2）应对策略

为了应对未来趋势需要进行战略调整，加强战略规划和预测分析，不断优化业务模式和组织结构，提高企业的适应性和竞争力，进而实现企业的可持续发展。

总体而言，国外数字经济面临的挑战需要使用综合性的策略和措施来应对，只有通过加强合作和创新，才能实现数字经济的健康、稳定和可持续发展。

2.2　国内数字经济发展状况

我国正处于数字经济快速发展的关键时期。互联网、云计算、大数据等新一代信息技术在各行各业广泛应用，传统产业通过数字化升级焕发新的生机。建立在数据基础上的数字经济已经成为一种新的经济社会发展形态，并形成新动能，创造了大量的就业机会，不断改变着人们的生产生活方式。

2.2.1　数字经济在我国发展中的重要性

随着数字时代的到来，我国进入了一个以信息技术为核心的新发展阶段，数字经济对我国的发展具有重要的意义和深远的影响。

数字经济提升我国经济竞争力。数字经济的发展可以促进产业的信息化、数字化和智能化，从而提升产品和服务的质量和效率，更好地满足人民对美好生活向往的需求。同时，数字经济也加快全球化进程，提升我国在国际市场中的竞争力。

数字经济推进我国的产业升级。数字经济所需的技术和人才，都有助于推动传统产业向智能化、高端化和服务化方向转型升级，促进产业的发展。同时，数字经济也可以培育新产业，促进新型企业的创新，推动我国经济创新发展。

数字经济促进我国社会的发展。数字经济可以缩小城乡和地区之间的差距，提高公共服务的效率和质量，促进社会的均衡发展。同时，数字经济在乡村振兴中能够创造更多的就业机会，提高人民的生活水平和幸福感。

2.2.2 国内数字经济重点产业

我国数字经济崛起的背后，是长期以来高度重视科技创新和信息技术的结果。近几十年，我国在信息通信、电子商务和人工智能等领域取得了显著的成就。我国通过一系列的政策和投资推动，积极建设数字基础设施，推动产业升级和创新发展。同时，庞大的人口红利、迅速发展的中产阶层，以及创新创业的热潮，为数字经济的崛起提供了有力支撑，中国数字经济呈现蓬勃发展的态势，我国数字经济市场规模如图2-3所示，数字经济规模逐年稳步扩大，2022年首次突破了50万亿元。

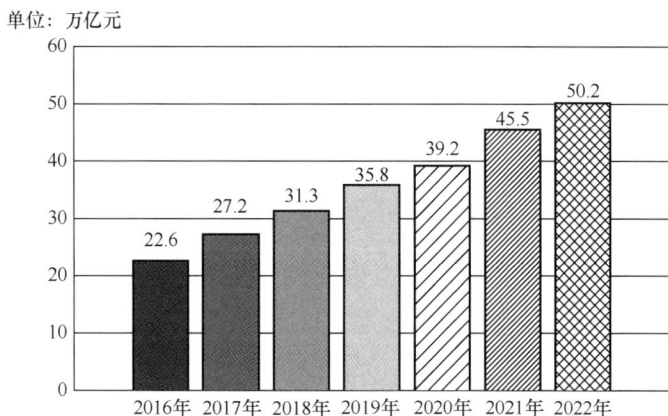

图 2-3 我国数字经济市场规模

数字经济的核心是以互联网为基础的数字化产业，国家在"十四五"规划中提出了数字经济的七大重点产业，分别是云计算、大数据、物联网、工业互联网、区块链、人工智能、虚拟现实和增强现实[1]。数字经济产业的细分情况见表2-1。

表 2–1　数字经济产业的细分情况

七大重点产业	细分领域
云计算	加速云操作系统更新换代，提高云安全水平，驱动数据虚拟隔离、超大规模分布式存储、弹性计算等技术创新。以混合云为重点培育行业解决方案、系统集成、运维管理等云服务产业
大数据	推动大数据采集、清洗、存储、挖掘、分析和可视化算法等技术创新，培育数据采集、标注、存储、传输和管理应用等全生命周期产业体系，完善大数据标准体系
物联网	推动传感器、网络切片和高精度定位等技术创新，协同发展云服务与边缘计算服务，培育车联网、医疗物联网和家居物联网产业
工业互联网	打造自主可控的标识解析体系、标准体系和安全管理体系，加强工业软件的研发应用，培育形成具有国际影响力的工业互联网平台，推进"工业互联网＋智能制造"产业生态的建设
区块链	推动智能合约、共识算法、加密算法和分布式系统等区块链技术创新，以联盟链为重点，发展区块链服务平台和金融科技、供应链管理、政务服务等领域的应用方案，完善监管机制
人工智能	建设重点行业人工智能数据集，发展算法推理训练场景，推进智能医疗装备、智能运载工具和智能识别系统等智能产品设计与制造，推动通用性和行业性人工智能开放平台的建设
虚拟现实和增强现实	推动三维图形生成、动态环境建模、实时动作捕捉、快速渲染、人机交互、内容采集制作等设备和开发工具软件、行业解决方案

1　虚拟现实/增强现实（Virtual Reality，VR/Augmented Reality，AR）。

我国数字经济的崛起为我国经济的转型升级注入了强大动力。未来，我国数字经济有望在更多领域迎来深度融合和创新发展。政府将继续加大对科技创新的支持力度，推动数字经济与实体经济的深度融合，促进数字技术应用在更广阔的领域，助力我国经济高质量发展。同时，应加强数字经济领域的法律法规制定，促使数字经济更健康且可持续地发展。

2.2.3　国内数字经济的基本特征

1. 数字技术在国内经济中的应用

我国数字经济的基本特征之一是数字技术在各个经济领域广泛应用。从传统制造业到现代服务业，数字技术的渗透促使企业提升效率、创新业务模式。人工智能、大数据、物联网等新一代信息技术成为推动产业升级的引擎，能够为企业提供智能化的解决方案。数字技术的全面应用加速了各行各业开展数字化转型，为国内经济注入新的增长动力。

2. 产业数字化的深入推进

产业数字化是国内数字经济的关键特征之一。各类企业通过引入信息通信、云计算、物联网等新一代信息技术，实现生产、管理和服务的数字化转型。制造业以工业互联网为核心，推动智能制造、智能供应链的建设，提高生产效率和产品质量。数字化转型也深刻影响着服务业，医疗、教育和物流等行业逐步实现信息化管理，可以提供更便捷、更高效的服务。产业数字化的推进不仅提高了整体经济效益，也为企业在全球市场竞争中取得优势打下了坚实的基础。

3. 国内数字市场的壮大

国内数字市场的壮大是我国数字经济的显著特征之一。随着互联网的普及，数字消费成为拉动内需的重要引擎。电子商务、在线教育、数字娱乐等数字化产品和服务蓬勃发展。电子商务平台火热举办的"双11""双12"购物节反映了数字市场的庞大潜力。在线教育和数字文化娱乐产业吸引了大量用户，是数字经济增长的亮点。数字市场的壮大不仅推动了消费升级，也为企业提供了广阔的市场空间。

2.2.4 国内数字经济的驱动因素

1. 国家政策与战略引导

国家政策与战略引导是推动国内数字经济发展的关键因素之一。党的十八大以来，我国政府通过发布一系列与数字经济相关的政策和战略文件，为数字化转型与数字经济发展提供了政策支持。

2. 技术创新与企业投资

技术创新是推动国内数字经济发展的重要驱动因素。我国企业在人工智能、大数据和区块链等领域取得了显著的技术突破，推动数字经济不断升级。企业的研发投资和创新活动对于数字技术的发展起到关键作用。互联网头部企业（例如，阿里巴巴、腾讯、百度及新兴科技公司）纷纷加大对人工智能、5G技术等领域的投资。同时，创业企业在数字化创新方面崭露头角，为数字经济的创新注入新的活力。

3. 消费者数字化需求

消费者的数字化需求是拉动国内数字经济增长的重要力量。随着互联网的普及，消费者对数字化产品和服务的需求不断增长。在线购物、移动支付、在线教育、数字娱乐等数字化产品和服务逐渐成为日常生活的一部分。消费者对于个性化、智能化的需求推动了企业不断创新，以满足市场多元化需求。数字化消费行为的普及不仅拉动了数字经济的发展，也推动了传统产业的数字化升级。

国家政策将继续发挥引导和支撑作用。技术创新仍然是数字经济发展的核心动力，企业将继续加大在关键领域的投资和研发。消费者数字化需求将继续引领市场方向，推动更多数字化产品和服务涌现。

2.2.5 国内数字经济发展的成功案例

1. 互联网企业的崛起

（1）阿里巴巴

阿里巴巴成立于1999年，是我国最具代表性的互联网企业之一。通过创新的电子商务模式，阿里巴巴打破了传统零售的壁垒，建立了淘宝、天猫等电子商务平台，推动了电子商务的快速发展。阿里巴巴在移动支付、云计算、物流等领域的全面布局也进一步拓展了数字经济产业链。阿里巴巴不仅改变了我国消费者的购物方式，也在国际舞台上树立了中国数字经济的典范。

（2）腾讯公司

腾讯公司成立于1998年，通过即时通信工具QQ、社交平台微信等产品，构建了庞大的社交网络。腾讯公司在游戏、社交、广告等领域的全球化布局取得了巨大成功。腾讯公司的移动支付平台（微信支付）也在数字支付领域举足轻重。此外，腾讯公司在人工智能、云服务等领域不断投资和创新，为数字经济的升级提供了强大的支持。

2. 传统产业数字化的典范

（1）宝钢集团

宝钢集团是中国钢铁行业的领先企业，在传统产业数字化方面取得了显著成就。通过引入大数据、物联网技术，宝钢集团实现了生产过程的数字化监控和智能化管理。这不仅提高了生产效率，降低了生产成本，还为产品质量提供了更精准的控制。数字化转型让宝钢集团在国内钢铁行业中保持竞争优势，同时也在环保、节能等方面做出了积极贡献。

（2）海尔集团

海尔集团是中国家电制造业的代表企业，以智能制造引领传统产业数字化的转型。通过物联网技术，海尔集团实现了家电产品的互联互通，形成智能家居解决方案。智能制造提高了生产效率，实现了定制化生产，同时通过智能家电产品满足了消费者对数字化生活的需求。海尔的成功经验为其他传统产业的数字化转型提供了有益参考。

3. 城市数字化转型的升级

（1）深圳市：智慧交通系统的数字化升级

深圳作为我国数字化转型的先锋城市之一，在智慧交通领域进行了数字化升级。深圳的智慧交通系统采用了大数据、人工智能和物联网等先进技术，实现对城市交通的全面监控和管理。该系统包括智能交通信号灯、实时交通监测摄像头和车辆识别系统等多个部分。

通过这一数字化升级，深圳有效解决了城市交通拥堵问题。交通信号灯根据道路实时流量进行智能调节，提高了道路的通行效率。而实时监测摄像头和车辆识别系统则为城市交通管理提供了更为精准的数据支持。这不仅提高了城市交通的运行效率，还为居民提供了更便捷的出行体验。

（2）上海市：数字城市大脑的建设

上海在数字化转型中致力于构建智慧城市治理的数字城市大脑。数字城市大脑通过集成城市各类数据，包括交通、气象、环保和医疗等多个领域的信息，全面感知和管理城市的运行情况。数字城市大脑的核心是大数据平台，通过分析各类数据，为城市决策提供科学依据。

数字城市大脑的建设使上海在城市治理中更加精细化和智能化。例如，在交通管理方面，通过大数据分析技术，该系统能够预测交通拥堵的情况，提前采取交通疏导措施；在环境保护方面，该系统能够实时监测空气质量和水质的情况，为环境保护决策提供数据支持。数字城市大脑的建设有效提高了上海城市治理的精准性和效率。

（3）成都市：智慧社区建设

成都在城市数字化转型过程中注重智慧社区建设，通过数字技术提升社区的管理和服务水平。成都的智慧社区建设涵盖居民生活的方方面面，包括社区安全、居民健康和公共服务等方面。在社区安全方面，成都采用了智能监控系统，通过人脸识别技术对小区的出入口进行智能管理，提高了社区的安全性；在居民健康方面，数字化系统能够实时监测居民的健康数据，提供个性化的健康服务；而在公共服务方面，通过手机App，居民可以方便地获取社区公告、报修服务等信息。

上述这些案例反映了不同城市在数字化转型过程中的创新实践。通过数字化手段，城市在交通管理、城市治理和社区服务等方面取得了显著成果，为城市可持续发展和提升居民生活质量提供了有力支持。这也表明中国城市数字化转型正在不断走向智能、高效和可持续的未来。

2.2.6　国内数字经济面临的挑战

我国数字经济的迅速发展带来了巨大的机遇，但也伴随着一系列挑战。

1. 数据隐私与安全问题

在数字经济快速发展的背景下，数据成为新时代的"石油"。然而，数据的使用和管理也带来了一系列的隐私和安全问题。个人隐私泄露、数据滥用等问题频发，引起了公众的广泛关注和担忧。数据安全不仅涉及个人隐私，还关乎国家安全和社会稳定。不当的数据使用可能导致出现信息泄露、网络攻击等安全风险，给企业和个人带来巨大的损失。

因此，加强数据保护和安全管理，建立完善的数据安全法律法规体系，是当前数字经济发展中的重要任务。

2. "数字鸿沟"问题

尽管城市和发达地区的数字经济发展迅速，但在农村和欠发达地区，"数字鸿沟"问题仍然突出。缺乏基础设施、教育资源和技术支持，使得农村和欠发达地区的数字化进程滞后，与城市和发达地区之间存在一定程度的"数字鸿沟"。"数字鸿沟"不仅影响了农村地区的经济发展和社会进步，还加剧了区域间的发展不平衡。

因此，缩小"数字鸿沟"，提升农村和欠发达地区的数字化水平，是当前数字经济发展的重要议题。

3. 创新与国际竞争

在全球数字经济竞争中，我国具有巨大的市场规模、丰富的数据资源和强大的科技研发能力，为我国企业创新和参与国际竞争提供了有利条件。

随着人工智能、5G、云计算等新技术的广泛应用，我国企业在数字经济领域拥有巨大的发展潜力和市场机遇。同时，积极参与国际合作和交流，加强技术创新和知识产权保护，可以进一步提升我国在全球数字经济中的影响力。

综上所述，国内数字经济在面临一系列挑战的同时，也蕴含着巨大的发展机遇。应对数据隐私与安全问题、"数字鸿沟"问题，需要政府、企业和社会各界的共同参与和努力，通过加强监管、提升技术和推动政策创新，可以逐步解决这些问题。同时，充分利用技术创新、加强国际合作，可以进一步推动数字经济的健康发展，为中国经济的持续增长和社会进步注入新的活力。

2.3　我国数字经济发展的必要条件

在我国数字经济迅速崛起的过程中，人才与技术支持是推动其发展的两大核心要素。通过培养具备数字经济领域专业技能的人才，以及提升技术研发与创新能力，可以为我国数字经济的可持续发展创造必要的条件。

2.3.1　人才与技术支持

1. 数字经济领域的人才需求

随着数字经济的快速发展，对于高素质、多层次人才的需求日益增加。在数字化转型的过程中，我国亟须具备先进技术和创新思维的人才，以推动数字经济在各行各业的广泛应用。

（1）技术人才的需求

数字经济的核心是技术驱动，因此对于计算机科学、人工智能、大数据和云计算等领域专业技术人才的需求不断攀升。这些人才能够参与数字化产品和服务的开发，推动科技创新，以应对快速变化的技术挑战。

（2）数据科学家与分析师

随着大数据的兴起，对数据科学家与分析师的需求日益增长。这些专业人才能够深入挖掘大数据背后的信息，为企业决策提供数据支持，推动企业开展智能化业务。

（3）数字化管理与创新人才

数字化转型需要具备数字化管理与创新人才，能够在企业内部推动数字化转型，提高企业的创新能力，实现企业的可持续发展。

2. 技术研发与创新能力

（1）加强基础研究

在数字经济的发展过程中，基础研究是关键的推动力量。通过投资支持基础研究项目，我国能够培养更多高水平的科研人才，推动数字经济领域前沿科技的创新。

（2）建设创新生态系统

建设创新生态系统是发展数字经济的重要手段。支持创新型企业，提供创新基金和政策支持，鼓励技术创新和商业模式创新。同时，推动"产、学、研"深度融合，激发企业的创新活力。

（3）跨界合作与技术共享

数字经济的发展需要不同领域专业知识的相互融合。通过跨界合作，促进不同行业之间的技术共享，能够有效推动数字经济的全面发展。政府可以设立跨领域创新平台，使企业、科研机构、高校等共同参与创新活动。

随着数字经济的不断发展，我国需要加大对人才培养与技术支持的力度，以确保数字经济的健康发展。未来，政府应加强对高校数字经济专业的投入，制订更灵活的人才培养计划，使学生在培养过程中更好地适应数字经济的发展需求。同时，鼓励企业加大对技术研发的投入。通过全社会的共同努力，我国数字经济将迎来更广阔的发展前景。

2.3.2 政策环境法律与法规

1. 政府对数字经济的政策支持

我国政府对数字经济的政策支持是数字化转型和发展的重要保障。通过制定和实施一系列的支持性政策，政府能够引导数字经济健康发展。

（1）科技创新支持

政府可以通过财政和税收等手段，向数字经济领域提供资金支持，鼓励企业加大科技创新投入。设立科技创新基金、出台奖励计划等，激发企业在数字技术研发方面的积极性，推动产业技术升级。

（2）数字基础设施建设

政府可以通过加强信息网络建设，提高网络覆盖率，打造牢固的数字经济发展"底座"，为数字经济的各个领域提供更稳定和高效的基础设施。

（3）人才培养与引进

政府可以通过设立人才培养计划来引进高端人才，解决数字经济领域的人才短缺问题。政府可以为高校提供经费支持，建立数字经济相关专业，培养更多的数字化人才，满足行业的需求。

2. 法律法规对数字经济的影响

法律法规可以规范市场秩序，保护各方权益，为数字经济的健康有序发展提供稳定的法治环境。

（1）数据隐私和安全法规

随着数据在数字经济中的广泛应用，数据隐私和安全问题凸显。

政府应制定相关法律法规，规范数据的收集、存储和使用，保障用户的个人隐私和信息安全。同时，规范企业在数据管理方面的行为，促使企业主动加大数据保护的力度。

（2）知识产权保护

数字经济的发展离不开创新，而创新离不开知识产权的保护。政府应加强知识产权的法律保护，鼓励企业加大研发投入。通过完善知识产权法律法规，建立起创新驱动的法治环境，促进数字经济产业的可持续发展。

（3）市场监管

政府应加强市场监管，防止数字经济领域的垄断行为，维护公平的市场竞争秩序。通过明确的法律法规来规范数字经济企业的市场行为，防止市场出现不正当的竞争行为。

在数字经济的发展过程中，政府应继续加强对数字经济的政策支持和法律法规制定。用政策引导企业加大创新投入，培养更多的数字人才。同时，制定法律法规，保护数字经济参与主体的合法权益，为数字经济健康有序发展提供坚实的法治基础。政府、企业和社会各方的共同努力，将为我国数字经济的可持续发展创造更加有利的条件。

2.3.3　基础设施建设

1. 宽带网络和云计算基础设施

宽带网络和云计算基础设施是支撑数字化转型的关键基础设施。政府和企业需要共同努力，加大对这些基础设施的建设和升级，以确保数字经济发展有稳定、高效的技术支持。

（1）宽带网络建设

宽带网络是数字经济的基石，对于连接城乡、推动信息传递是至关重要的。政府应加大对宽带网络的投资，打通信息通信传输"大动脉"，推动网络速率的提升，扩大网络覆盖的范围。

（2）云计算基础设施

云计算作为一种灵活高效的计算模式，为数字经济提供了强大的支持。政府和企业可以共同投资建设云计算中心，提高数据存储和处理的能力。通过云计算，企业可以更好地利用信息资源，降低成本并提升业务的灵活性，推动数字经济的创新和发展。

2. 数据中心与物联网基础设施

（1）数据中心建设

随着数字经济的蓬勃发展，对数据处理和存储的需求不断增加。政府和企业需要加大对数据中心的建设投入，提高数据中心的规模和运营效率。建设更先进、安全的数据中心，为数字经济提供可靠的数据支持。

（2）物联网基础设施

物联网是数字经济另一个重要支柱，为各行各业提供了连接和数据交互的可能性。政府可以通过建设更完善的物联网基础设施，促进设备之间的互联互通。

基础设施建设是我国数字经济发展的基础性工程，关系到各领域数字化转型的全面推进。政府应继续制定和实施相关政策，加大对宽带网络、云计算、数据中心和物联网等基础设施的投资力度。通过公私合作、跨部门协同，建设更先进、更智能的基础设施，提升数字经济的核心竞争力。同时，加强基础设施的规划和管理，保障其安全可靠地运行，为数字经济的可持续发展创造良好条件。

2.3.4　企业与社会参与

1. 企业数字化转型的重要性

企业数字化转型是推动数字经济发展的关键因素之一。企业通过运用先进的数字技术，提升管理效率，创新业务模式，以满足快速变化的市场需求。

（1）提高竞争力

数字化转型使企业能够更好地应对市场变化，提升适应竞争环境的能力。通过应用数字技术，企业可以更灵活地调整业务模式，提高生产效率，从而更好地满足用户的需求，提高市场竞争力。

（2）创新业务模式

数字化转型为企业创新提供了广阔的空间。通过应用大数据、人工智能和物联网等技术，企业可以开发新的产品和服务，拓展业务领域，实现业务模式的创新。

（3）提升管理效率

数字化转型使企业管理更加智能化。通过采用数字化的管理工具，企业能够实时监控业务的运营状况，迅速做出决策。这有助于提高企业的管理效率，降低成本，提高经营效益。

2. 社会各界对数字经济的参与

数字经济的发展需要社会各界的广泛参与，包括政府、学术界、非营利组织和个体。每个社会成员都有责任和机会参与数字经济的建设和发展。

（1）政府的引导与监管

政府在数字经济发展中扮演着引导和监管的重要角色。通过制定政策、提供资金支持等，政府可以引导企业加大数字技术研发投入，促进数字经济产业链的健康发展。同时，政府需要建立相应的监管机制，确保数字经济的发展是有序和安全的。

（2）学术界的研究与创新

学术界在数字经济中有着重要的作用。通过研究和创新，学术界可以为数字经济的发展提供新的理论和技术支持。学术界与企业合作，推动科技成果的转化和应用，助力数字经济不断创新。

（3）非营利组织的社会责任

非营利组织应当担负起社会责任，关注数字经济的公平和可持续发展问题。通过开展社会服务项目、推动数字教育，非营利组织可以帮助更多的人融入数字时代，分享数字化带来的红利。

（4）个体的学习与适应

每个个体都应意识到数字时代的来临，通过积极学习数字技术，提升自己的数字素养。这不仅有助于个体更好地适应数字经济的发展，还能够促进社会整体的数字化转型。

在数字经济的发展过程中，需要企业和社会各界的共同参与。企业应深入实施数字化转型战略，不断提升数字化水平，以应对日益激烈的市场竞争。政府、学术界、非营利组织和个体也都应积极参与数字经济建设。通过共同努力，可以实现数字经济的可持续发展，为社会经济的繁荣和人民生活的提升创造更好的条件。

2.3.5　国际合作与经验借鉴

1. 与国外数字经济发达国家的合作

国际合作是推动我国数字经济发展的关键因素之一。通过与国外数字经济发达国家的合作，我国可以借鉴其先进经验，拓展市场，促进技术创新，实现互利共赢。

（1）技术交流与合作

与国外数字经济发达国家开展技术交流与合作，可以帮助我国更好地理解先进技术的发展趋势，提升我国数字技术的水平，搭建国际合作平台，促进科研机构、企业之间的交流，共同攻克数字经济发展中的关键技术难题。

（2）市场拓展与对接

通过与国外数字经济发达国家的合作，我国可以拓展市场，实现资源的优化配置。企业可以积极参与国际合作项目，拓展海外市场，提高产品和服务的国际竞争力。同时，我国的市场也为国外企业提供了巨大的发展机遇。

（3）人才培养与交流

通过与发达国家联合制订人才培养计划，开展学术交流项目，可以引进国外的优秀人才，提高我国数字经济人才队伍的国际化水平。

2. 借鉴国外成功的经验与做法

借鉴国外成功的经验与做法是推动我国数字经济发展的重要途径。通过学习国外的先进经验，我国可以更加高效地促进数字经济的发展，提高数字经济发展的速度和质量。

（1）政策制度借鉴

我国可以借鉴国外数字经济发达国家的政策制度。通过学习其支持性政策，更好地引导我国数字经济产业链的完善和发展。这包括财政支持、税收优惠和人才引进等多个方面的政策。

（2）产业发展经验借鉴

借鉴国外产业发展的经验，可以帮助我国更好地规划和布局数字经济产业。学习其在数字化转型、产业升级方面取得的成功经验，有助于我国企业更有针对性地制定发展规划。

（3）创新机制借鉴

国外数字经济发达国家在创新机制上积累了丰富的经验。我国可以学习借鉴其建立的合作机制，促进科技创新成果的快速转化。

未来，我国应进一步加强与国外数字经济发达国家的合作，积极参与国际数字经济规则的制定，共同推动数字经济全球化发展。在学习借鉴国外成功经验方面，我国需要更加灵活地运用先进经验，结合自身的国情，制定切实可行的发展策略和政策，推动我国数字经济发展行稳致远。

2.3.6 未来发展方向与策略

1. 我国数字经济的战略定位

我国数字经济的战略定位应紧密结合国家发展战略，以数字化转型为引领，全面推动产业升级和创新发展。以下是我们对我国数字经济未来发展战略定位的相关思考。

（1）数字化转型的引领

将数字经济作为引领经济发展的重要引擎，通过技术创新、产业升级，实现数字经济对整体经济的牵引作用。将数字技术融入各行各业，推动传统产业数字化升级，并培育新兴产业，提高整体经济效益。

（2）构建数字经济生态系统

构建数字经济生态系统，实现政府、企业、科研机构和社会各界的协同发展。促进数字技术和创新成果在产业链上下游的广泛应用，形成创新闭环，推动数字经济全面发展。

（3）提升数字素养能力

在教育阶段关注数字技术教育，提升各级人员数字治理能力与数字服务能力，加强大众科技意识，使广大民众更好地适应数字时代。

（4）推动数字文化建设

在数字经济发展过程中，以数字技术推动中华优秀传统文化创造性转化、创新性发展，以文化与科技融合加快发展新型文化业态，推动新时代数字文化建设。

2. 未来发展的重点领域与策略调整

未来，我国数字经济的发展将聚焦关键领域进行战略调整，以更好地应对新的挑战。

（1）重点领域的创新发展

加大对人工智能、大数据、物联网、区块链等新一代信息技术的研究和应用。通过加强基础研究，培育创新团队，推动前沿技术突破，引领未来数字经济的发展方向。

（2）数字经济产业链的完善

着力提升数字经济产业链的各个环节，包括硬件设备、软件开发和数字内容等。通过加强产业协同，推动整个数字经济产业链的优化和完善，形成良性循环，提高产业附加值。

（3）推进数字治理体系建设

加强数字经济的治理体系建设，主要包括数据隐私保护、网络安全和数字人权等方面。通过制定健全的法律法规和政策，保障数字经济安全、稳定和健康地发展。

（4）人才培养与引进策略

加大对数字经济领域人才的培养力度，建设更完善的数字经济人才培训体系。同时，通过引进优秀人才，推动我国数字经济人才队伍的国际化水平。

未来，我国数字经济将在政策引导和市场力量的共同作用下，迎来更广阔的发展前景。通过明确战略定位和重点领域调整，我国数字经济将在创新引领、产业链协同、治理体系健全等方面取得更大的突破。

2.4 小结

本章系统地介绍了数字经济的概念、发展状况，以及我国数字经济发展所需的必要条件。首先，通过对国外数字经济发展状况的梳理，我们了解了美国、德国、日本、韩国、印度在数字经济方面取得的成就，为我国的数字经济发展提供了有益的参考。其次，对国内数字经济的发展状况进行了深入剖析，揭示了我国数字经济快速崛起的现状和存在的挑战。最重要的是，我们深入研究了我国数字经济发展的必要条件，包括基础设施建设、企业与社会参与、国际合作与经验借鉴，以及未来的发展方向与策略等多个方面。通过本章，我们对数字经济的整体框架有了清晰的认识，了解了国内外数字经济的发展状况及其差异，也明确了我国数字经济发展所需的关键要素，为后续章节深入讨论新质生产力对数字经济的重要意义提供了基础。

第 3 章

数字经济实践
方兴未艾

随着科技革命和产业革命的不断发展，数字经济已经成为第四次工业革命的重要特征。在党和国家相应政策的支持下，我国数字经济得到快速发展，数字经济规模在国内生产总值中占比近40%，数字经济在国民经济中的地位更加稳固、支撑作用更加明显。在产业数字化转型方面，各行各业利用数字技术进行转型升级，提高了生产效率和经济效益；在农业农村方面，将数字技术运用到土地承包、农业生产和销售一体化方面，实现了农产品生产的高效管理；在工业生产方面，企业设备的数字化水平不断提高，半导体、航空航天等行业，利用传感器、物联网、人工智能等，实现全自动化智能化管理。

在数字经济发展的过程中，产业互联网、算力能力建设、数字金融、数字治理都在其中扮演着重要角色，并发挥着重要作用。因此，本章将通过对产业互联网、算力能力建设、数字金融、数字治理等方面的实践与应用，详细分析数字技术改变人们生活方式、创新企业发展模式、推动数字经济快速发展的作用，并提出数字治理与数字流通的建议。

3.1 产业物联网

产业物联网是从消费互联网引申出的概念。什么是产业？制造业、农业、能源、物流、交通、教育、通信等都是产业。传统产业可以借助大数据、云计算、智能终端以及网络的优势，提升内部的效率和对外服务的能力，并通过"互联网+"实现转型升级。产业互联网需要产业企业内部以及整个产业链（研发、生产、交易、流通和融资等环节）实现互联网化，从而达到提升效率、优化资源配置的目的。

产业物联网可以打通上下游,让管理者站在产业的角度重新塑造企业的核心竞争力,实现企业的转型升级。

3.1.1 产业物联网的发展历程

20世纪90年代,凯文·阿什通首次提出了"物联网"的概念,即通过信息传感设备将物品与互联网联接,实现信息的互通和共享。然而,当时的技术并不成熟,物联网并未引起人们足够的重视。国际电信联盟于2005年正式提出"物联网"的概念。此后,各国陆续制定相关的技术标准并积极推广物联网的应用。另外,发展跌宕起伏的全球经济,以及不可阻挡的数字化转型,进一步加速了物联网的普及。随着科学技术的不断进步和社会经济的快速发展,物联网技术逐渐成熟并广泛应用于各个领域。在这一背景下,产业物联网得到了越来越多的关注和认可。产业物联网将物联网技术与传统产业相结合,实现了产业的数字化转型和智能化升级,从而为经济发展和社会进步做出了重要贡献。

产业物联网的发展将继续受益于智能化技术的不断创新、5G通信技术的普及,以及人工智能在工业领域更广泛的应用,将进一步推动生产制造的数字化和智能化,并推动经济发展和社会进步。

3.1.2 产业物联网的关键技术

数字时代,产业物联网为工业领域带来了巨大的变革。随着传感器、通信技术、大数据和人工智能的飞速发展,产业物联网成为实现智能制造、提升生产效率、优化供应链的重要推动力。在这个新的生

态系统中，关键技术共同构筑了一个高度智能化、实时互联的工业生
态，为企业提供了更精准、更高效的管理和生产手段。产业物联网涉
及的关键技术如图3-1所示。

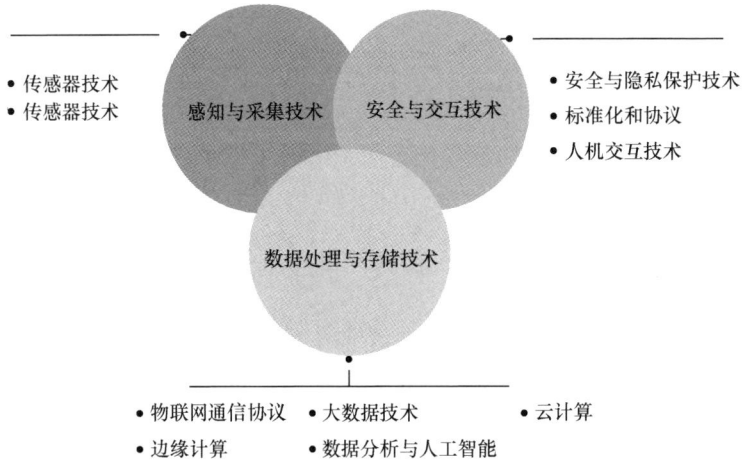

图 3-1　产业物联网涉及的关键技术

正如图3-1所示，产业物联网涉及的关键技术主要有感知与采集技
术、数据处理与存储技术、安全与交换技术。

1. 感知与采集技术

（1）传感器技术

传感器技术为智能化控制打下基础，通过数据实现灵活、高效的
生产控制。例如，传感器通过实时采集数据，能够提供准确的生产数
据，使企业快速、准确地了解生产现场，及时做出决策。同时，传感
器实现设备状态的持续监测，进行预测性维护，从而降低停机时间，
提高生产效率。在环境监测中，传感器感知生产环境变化，有助于控
制生产条件，提高产品质量。在物流和供应链中，传感器实时追踪物

品的位置和状态，提高物流的运输效率，降低库存成本。

（2）嵌入式系统

嵌入式系统是内置在各种设备和物联网节点中的计算机系统，为产业物联网提供了智能化和自主决策的能力。通过嵌入式系统，设备能够执行特定的任务，实现智能化控制和协同工作。这赋予了工业设备自我诊断和自我适应的能力，提高了生产线的自动化水平。嵌入式系统不仅支持设备的智能化，还促进了定制化生产，可以满足不同用户的需求。在整个产业物联网架构中，嵌入式系统如同一个智能大脑，使设备能够灵活地应对生产环境的变化，推动传统工业的数字化转型。

2. 数据处理与存储技术

（1）物联网通信协议

物联网通信协议通过确保设备之间的可靠和高效通信，实现了设备之间的实时互联和数据传输。通过物联网通信协议，能够远程监测和控制设备，实现智能化生产。物联网通信协议保障了数据传输过程的安全性，通过采用消息队列遥测传输（Message Queuing Telemetry Transport，MQTT）、受限应用协议（Constrained Application Protocol，CoAP）、超文本传送协议（Hypertext Transfer Protocol，HTTP）等，确保了设备之间的高效通信。物联网通信协议的应用使企业能够更好地协调和管理设备，优化生产过程。

（2）大数据技术

大数据技术通过处理产生的大规模数据，提供实时分析和深度挖掘能力，为工业领域的数字化转型提供强大的支持。大数据技术不仅能够有效地存储和管理海量数据，还能够提供实时分析，帮助企业了解生产过程中的关键信息。通过分析大数据技术，产业物联网实现了对设备状态、生产效率和供应链的全面监测，为企业提供了精准的决策依据。这种数据驱动的方法使企业能够更加灵活地应对市场变化，优化生产流程，提高整体的生产效率。

（3）云计算技术

通过云计算技术，产业物联网能够把海量的数据集中存储，实现数据的高效管理与利用，这使企业能够更好地进行实时监测、分析和决策，还可以为企业提供高度可靠的服务，包括数据备份、安全性和隐私保护。企业不必过多关注基础设施的维护，可以将重心集中在业务创新上。

（4）边缘计算技术

边缘计算技术与嵌入式系统共同构建了一个智能化的生态系统。边缘计算技术通过在设备附近进行实时数据处理，与嵌入式系统协同工作，使得工业设备能够更迅速准确地做出实时决策，适应动态的生产需求。同时，边缘计算技术降低了数据传输至云计算中心的时延，减轻了数据中心服务器的负载，提高了整个系统的稳定性。通过在本地处理数据，边缘计算技术与嵌入式系统共同提高了系统的实时性、可用性和安全性，为企业的数字化转型提供了强有力的支持。

（5）数据分析和人工智能技术

数据分析和人工智能技术合作，构建了一个智能决策支持系统。数据分析通过挖掘大量数据，提供深度洞察，帮助企业了解生产过程和整个供应链的运作。同时，人工智能技术通过学习和适应，实现自动化决策，自主调整生产计划、优化资源分配，甚至预测设备可能出现的故障，推动智能制造。数据分析和人工智能技术的融合使得企业能够实时响应和进行优化，降低生产成本，提高生产效率。通过预测性维护和智能化供应链管理，产业物联网赋予企业更高的可靠性和灵活性。

3. 安全与交互技术

（1）安全与隐私保护技术

安全与隐私保护技术为企业构建了一道坚实的防线，确保企业信息和设备在数字环境中的安全性和完整性。运用数据加密和传输安全、身份认证和访问控制，以及设备安全管理等技术，有效地防范了未经授权的访问和潜在的安全威胁。同时，安全审计和监控机制实时跟踪系统和设备的活动，可以及早发现异常行为。针对个人隐私数据，引入的隐私保护机制确保了数据的保密性。安全培训与教育可以增强员工的安全意识，减少人为因素引起的安全风险。

（2）标准化和协议

标准化和协议为设备、系统和平台的互操作性、通信能力和数据交换提供了基础。通过制定统一的通信标准和数据格式，标准化和协议实现了设备之间的顺畅协作，确保了数据传输的一致性和可靠性。同时，统一的标准化和协议框架提高了安全性，简化了系统集成的过程，降低了开发成本，促进了行业创新，加快了数字化转型的步伐。

（3）人机交互技术

人机交互技术发挥着至关重要的作用。通过优化操作界面、实时监控与反馈、个性化设置、语音和手势控制，以及引入VR/AR，人机交互技术提高了操作的便捷性、效率和安全性。同时，远程监控与远程操作使操作人员能够随时随地控制设备，增加了操作的灵活性。这些技术共同为产业物联网创造了更智能、直观的工作环境。

3.1.3 产业物联网的应用

在过去的几年里，产业物联网已经深入制造、能源、物流和农业等多个行业，为各个领域带来了前所未有的智能化和自动化发展。在这次数字化浪潮中，企业正在经历从传统生产方式向智能制造的转变，这不仅改变了其运营模式，也为其未来的发展提供了新的可能性。

产业物联网在工业、医疗、农业、物流和智慧城市这5个具有代表性的应用场景，其对于提升生产效率、优化资源利用率、增强安全性以及推动可持续发展的巨大潜力具有积极作用。

1. 工业领域

工业是产业物联网的核心应用领域之一。在工业领域，通过传感器和设备监测生产过程中的各种数据，实现生产过程的自动化和智能化。此外，工业物联网还可以应用于能源管理、供应链管理和设备维护等方面。

2. 医疗领域

物联网技术在医疗领域也有广泛的应用，例如，通过可穿戴设备监测患者的健康状况，实现远程医疗和健康管理。此外，在医疗供应链管理中，通过物联网技术实现药品、器械等物资的追踪和管理，从而提高医疗质量和安全性。

3. 农业领域

农业物联网通过传感器、无线通信等技术，能够实现农作物生长环境监测、智能化灌溉和精准施肥等，提高农业生产的效率和管理水平。农业物联网还可以应用于农产品质量安全追溯等方面，以保障食品安全。例如，一些农业企业通过部署智能农业设备，实现了对农作物的智能化监测和管理。一些农业园区则通过应用物联网技术，实现对农业资源的智能化管理和调度，提高了农业生产的效率和效益。

4. 物流领域

物联网技术有助于实现对物流信息的实时监测和跟踪，提高物流的运输效率和准确性。例如，顺丰速运通过部署智能快递柜和智能运输车辆，提高了快递投送的效率和准确性。一些港口和机场通过应用物联网技术，实现了对货物的实时跟踪和监管，提高了物流的运输效率，保障了货物的安全性。

5. 智慧城市领域

智慧城市领域也受益于物联网技术的应用。例如，在交通领域，一些城市部署了智能交通信号灯，能够根据实时交通流量调整信号灯的时间，缓解城市的交通拥堵状况。在能源领域，一些城市正在推广智能电表和智能电网，从而实现电能的智能化管理和调度，提高能源的利用效率。

3.1.4 产业物联网的优势与挑战

产业物联网不仅为企业带来了前所未有的机遇，也面临着一系列的挑战。其强大的优势与潜在的挑战塑造了数字化转型的格局。在数字技术不断演进的今天，企业必须全面了解产业物联网的优势与挑战，以更好地规划和落实其在多个领域的应用。

1. 产业物联网的优势

产业物联网带来了许多显著的优势，促使企业在数字化转型和智能化生产方面取得巨大的进展。

（1）提升生产效率

产业物联网通过实时监测和数据分析，优化了生产过程，减少了生产中的浪费，提高了生产效率。设备的智能化控制和协同工作使生产链运转更加流畅。

（2）预测性维护

传感器技术的应用使设备状态实时监测成为可能，企业能够实施预测性维护，提前发现并解决潜在故障，降低生产中断的风险。

（3）优化供应链管理

产业物联网提供了实时的供应链信息，企业能够更好地协调和优化供应链，从原材料采购到产品交付，降低库存成本，提高交付的准时性。

（4）实现智能制造

工业设备的智能化和数字化使生产过程更加灵活。产业物联网支持自适应制造，根据实时需求调整生产计划，使更智能的制造方式得以实现。

（5）数据驱动决策

大数据和分析技术的应用使企业能够从海量的数据中提取出有价值的信息，为决策提供更精准的支持。

（6）提升安全性

产业物联网通过实施数据加密、身份验证等先进的安全措施，有助于提高工业系统的安全性，防范网络攻击和数据泄露。

2. 产业物联网面临的挑战

尽管产业物联网带来了许多优势，但也面临一些挑战。

（1）数据安全和个人隐私风险

随着产业物联网的发展，数据的传输和存储涉及的敏感信息日益增加。因此，需要加强安全协议和身份验证措施，以保证数据和个人隐私安全。

（2）标准化和互操作性

不同厂商、设备和系统之间缺乏统一的标准和互操作性，导致出现了"数据孤岛"。产业物联网需要更广泛的标准确保各个环节协同工作。

（3）技术集成难度

一些企业将新的产业物联网技术集成到传统的工业系统中，可能需要大量投资和技术改造，才能适应新的数字化环境。

（4）大数据管理

产生的大量数据需要被有效地存储、处理和管理，这对企业的IT基础设施（包括数据中心的建设和维护）提出了更高的要求。

（5）法律法规和合规性

随着物联网的发展，相关的法律法规和合规性要求越来越严格。企业需要遵守相关的法律法规和合规性要求，例如数据保护、知识产权保护等。

3.2 算力能力建设

数字时代，算力中心和算网城市发挥着关键的作用，为行业数字化转型提供了强大的支撑。算力是数字时代的引擎，高算力芯片是提供各种算力的关键。后摩尔时代，受物理限制，一味通过提升晶体管密度将很难实现高算力芯片技术的跨越式发展。因此，在研发高算力芯片技术的同时还应从软硬件整合的角度提升算力水平，并充分利用算网城市的区位特征，积极推进算力建设。

3.2.1 算力建设对数字经济的支撑作用

从"元宇宙"到"AI大模型"，数字经济已经深度融入人们日常的生产和生活。根据中国信息通信研究院的测算，2035年全球数据量将达到2142ZB，是2020年的45～46倍。庞大数据量的背后，是日益增长的算力需求。《2022—2023中国人工智能计算力发展评估报告》预计，2026年中国智能算力规模达到1271.4EFLOPS[1]，2021年至2026年的年复合增长率达到52.3%。算力建设的重要性不言而喻，而我国正处于数字化转型的关键阶段，算力作为数字时代的核心支撑，不仅是新型工业化发展的重要信息基

---

1 EFLOPS：Exa Floating-point Operations Per Second，百亿亿次浮点运算每秒。

础设施，更是推动各行各业实现数字化转型不可或缺的一项资源。

1. 算力中心支撑产业创新升级

我国算力中心的发展受政策与市场需求的双重驱动，其综合服务能力逐步提升，是支撑产业创新升级的重要支柱，为工业企业的智慧决策提供支撑。例如，利用人工智能、大数据等先进技术，算力中心可以对企业内外数据进行深入分析和挖掘，提供更全面的市场分析和预测，助力企业决策。算力中心可以通过数据可视化等技术手段，将复杂的数据分析结果以更直观的方式呈现给企业决策者，以提高决策的效率和准确性。此外，算力中心可以通过深入分析和挖掘大数据，帮助工业企业优化生产经营管理。例如，通过实时分析企业在生产过程中产生的海量数据，可以快速发现生产过程中存在的问题，并采取措施优化工艺流程，提高生产效率和产品质量。不仅如此，算力中心还可以为企业提供更精细的成本控制和资源优化配置方案，从而降低企业的运营成本，提高企业的盈利能力。

2. 算力中心促进科研创新能力

算力中心可以为工业生产提供强大的数据处理和分析能力，从而加快企业科研创新的步伐。通过算力中心的支持，工业企业可以更快地处理和分析海量数据，进行更复杂的数值模拟和实验研究，加快产品设计和开发的速度。这不仅可以提高企业的研发水平，还可以缩短产品研发及上市的周期，进一步提高企业的市场竞争力。例如，随着算力的提升，智能网联汽车正在成为重要的交通工具，自动驾驶等技术快速发展，为建设安全、畅通、低碳和高效的交通网络提供重要支撑。

3. 算网协同提升数字经济发展

算力网络模态是多模态网络体系中的一种网络模态，算力网络模态与多模态网络体系的关系如图3-2所示。算力网络场景中的业务存在多样化需求，例如灵活部署需求、高算力调度需求、超低时延需求等，仅以传送信息或数据的互联网，已远不能满足日益增长的用户需求。

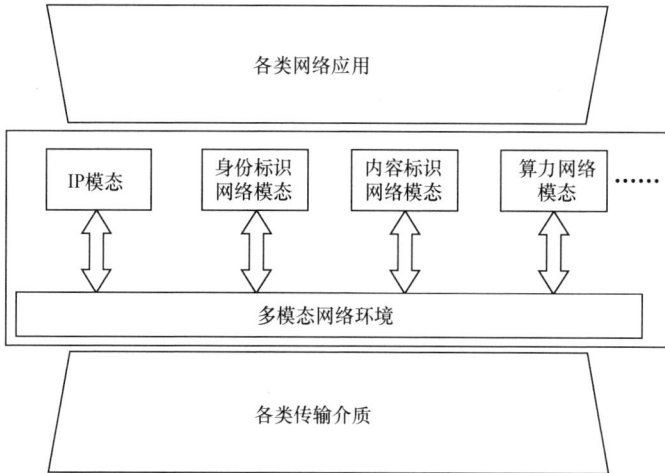

图3-2 算力网络模态与多模态网络体系的关系

不仅在工业界，在深化城市发展方面，算网城市也是一个重要体现。算网城市对市区内的算力、存储和网络等多种资源编排管理，形成统一调度，实现算力的跨行业、跨层级协同联动与精准匹配，从而打造城市发展的核心动力。算力和网络的协同，可以形成发展合力，进一步提升城市数字经济的发展水平。纽约、伦敦等城市的算网基础设施对数字经济的发展起着重要的推动作用，为算网城市建设提供了宝贵经验。例如，纽约积极打造智慧城市，提高城市管理和公共服务的效率；伦敦注重数字化和可持续发展相结合，推进智能交通、智能家居和智能制造等项目，算网基础设施为其打下了坚实的底座。

4. 算网标杆建设助力城市数字化转型

在强化"算网中国"建设方面，打造一批算网城市标杆，有助于为城市的数字化转型提供宝贵经验，为全国城市的数字化转型起到示范引领作用。算网城市建设聚焦算网建设和应用中的痛点、难点问题，促进算力资源的高速泛在、集成互联、安全可靠和绿色高效，提升城市的核心竞争力和治理水平，促进资源共享和协同创新，实现可持续发展。

全球数字化转型进程不断加快，数字化、网络化和智能化成为数字经济发展的主要特征，世界各国对算网基础设施的重视程度不断提升。城市作为数字化转型的主战场，不仅对算网基础设施建设有迫切需求，也为算力提供了丰富的应用场景和广阔的市场空间。《算力基础设施高质量发展行动计划》提出的算网城市建设等重点任务，将算网的规划、建设与应用融入城市发展的大局之中，促进算力与网络、数据的深度融合，并通过城市算网平台使之成为基础性的社会服务，为城市发展提供算力资源，助推新型工业化发展，助力各行各业数字化转型。未来，随着算网城市建设逐步推进，我国的数字经济必将得到更好的支撑并获得更快的发展。

3.2.2　高算力芯片助推算力能力

数据是信息时代的"石油"，算力则将数据转化为动能，驱动经济和科技的发展。在数字时代，算力成为衡量综合国力的重要指标之一，高算力芯片作为算力的具体载体，能够提供超高算力、通用算力、智能算力和边缘算力。通过其提供的算力，支持互联网、金融、科技、制造业等行业的发展和数字化转型，赋能人工智能、自动驾驶、智能物联网、高性能计算和元宇宙等应用场景。现阶段，随着5G技术、云计算、大数据、物联网和人工智能等技术的快速发展，数据呈爆炸式增长，算法复杂程度不断提高，高算力芯片技术的发展愈发重要，是否拥有高算力芯片已经成为国家核心竞争力强弱的重要体现。

高算力芯片在典型应用场景中呈现出以云端部署为主、逐渐向边缘端扩散的特征，最终形成分布式高算力网络。虽然在不同的应用场景中，评判芯片算力的标准也不尽相同，但不同的应用场景背后的高算力技术是通用的。将TFLOPS[1]作为衡量典型高算力场景下芯片算力需求的算力指标，综合考虑集成电路技术发展下的芯片算力现状和未来人工智能、数据中心、自动驾驶等领域的发展趋势，技术路线发展和多个应用场景对高算力芯片提出了不少于1000TOPS[2]的算力下限。

我国的算力产业对高算力芯片需求强劲，算力总规模达到202EFLOPS，占全球总算力的31%。然而，由于我国集成电路制造起步较晚，且受出口管制的影响，导致高算力芯片的发展面临挑战，底层的通用高算力芯片依赖进口。在智能芯片领域，图形处理单元（Graphics Processing Unit，GPU）作为智能数据中心的主流算力芯

1　TFLOPS：Tera Floating-point Operations Per Second，万亿次浮点运算每秒。

2　TOPS：Tera Operations Per Second，万亿次操作每秒。

片，市场主要由美国英伟达占据。虽然我国涌现了一些国产GPU和人工智能芯片产品，但仍需继续奋斗，早日掌握自主可控的先进制造工艺。因此，产业界需要探索符合我国国情的高算力芯片的创新发展途径，保障我国芯片产业的战略布局与实施。

当前，高算力芯片技术的发展受到摩尔定律下的工艺制程的影响，依赖于体系架构改进。按照摩尔定律，集成电路上可以容纳的晶体管数目每18个月就会提升1倍，但随着器件尺寸接近物理极限，芯片集成度的发展趋势逐渐变缓，先进工艺成本增加，单片芯片面积有限，这些因素导致难以继续通过扩大芯片面积和提升晶体管集成度来提高算力。现有计算平台基于冯·诺依曼结构，存储单元和计算单元分离，任务处理需要频繁地搬移数据，时延和功耗成为系统性能提升的瓶颈，造成"存储墙"和"功耗墙"。同时，芯片的I/O引脚是有限的，I/O数据传输速度无法匹配计算速度，也会造成"I/O墙"，与"存储墙"一起限制了存储和计算单元间互联带宽的提升，这些挑战制约了计算芯片算力的进一步提升。因此，探索后摩尔时代的晶体管密度提升途径成为当前阶段高算力芯片技术发展亟待解决的问题。

3.2.3　面向算力提升的软硬件整合

1. 数据中心软硬件资源整合的概念及优势

传统数据中心资源管理方式缺乏对各层级资源利用相互影响的考虑，无法根据上层负载资源需求优化底层硬件资源配置及调度，导致数据中心资源管理效果较差。而数据中心软硬件资源整合管理强调一体化和精细化，在资源整合的过程中，考虑上层应用环境、服务质量及业务负载的资源需求，对数据中心内的软硬件资源进行优化设计、部署、调度及综合管理，可以实现整体资源的集约化利用，从而提升数据中心资源的利用率及对外服务的水平，降低数据中心的整体能耗。

2. 硬件资源整合

不同业务应用对数据中心算力资源的需求有明显差异。通用型服务器在计算、内存、存储、I/O及网络性能方面的表现均衡，但随着数据量的提升及用户服务等级协议要求的提高，其在处理某些特定类型负载时的性能表现却难以进一步提升。例如，在处理过载任务时，通用型服务器的性能表现会低于专用的人工智能服务器。因此，近年来，数据中心产业界正在加强对定制化服务器的研发投入。现有的定制化服务器包括Web服务器、虚拟服务器、分布式存储服务器和冷数据存储服务器等。定制化服务器能够根据业务负载的实际需求，改变服务器内部芯片、内存、存储、I/O和网卡等零部件配置，提升服务器资源供给与业务负载需求的匹配性，从硬件底层上做到资源的精细化供给。为了进一步强化资源的整合效果，数据中心还可以在网络、存储、供配电和制冷等设备方面尝试定制化服务。

3. 软件资源整合

软件层主要由操作系统及应用软件构成。操作系统在一些IT设备（例如服务器、存储设备、交换机及路由器）上都有分布，空调设备及一些智能化的供配电设施往往也会部署相应的嵌入式操作系统，操作系统能够直接管理设备上的硬件资源。目前，服务器操作系统基本上已经开放，操作系统在部署和安装的过程中不需要考虑服务器底层硬件的差异性。数据中心能够根据需要将Linux或Windows操作系统部署于x86、ARM和Power等平台上。

在通信设备方面，华为、中兴、思科、惠普等国内外知名通信设备制造商的产品往往会部署各自研发的操作系统。交换机等通信软硬件设备并没有与操作系统解耦，数据中心无法按照实际网络需求配置这些交换机，所以数据中心的组网成本较高。操作系统的跨平台性能够有效提升系统的部署效率，实现操作系统的按需定制，这将进一步增强数据中心运维管理人员管控各类硬件设备的水平。

在分布式计算环境中，用户数据可能被分发到不同的服务器上，而这些服务器的硬件及操作系统不尽相同。在这种情况下，应用软件的执行效果可能存在差异。数据中心应用软件的跨平台性要求应用软件在不同的操作系统（尤其是Linux和Windows系统）上执行时，具有相同的结果输出。这要求软件开发人员在开发过程中充分考虑应用程序在不同操作平台上的运行状况，设计出能够兼容各类操作系统的应用软件。部署应用软件后，还需要测试不同操作平台上的运行结果。

算力网络模态的功能框架自上而下为服务层、管控层和资源层：服务层负责业务承载与资源编排；管控层负责资源管理调度与寻址路由；资源层是多维融合资源组成的基础设施层。算力网络模态功能框架如图3-3所示。

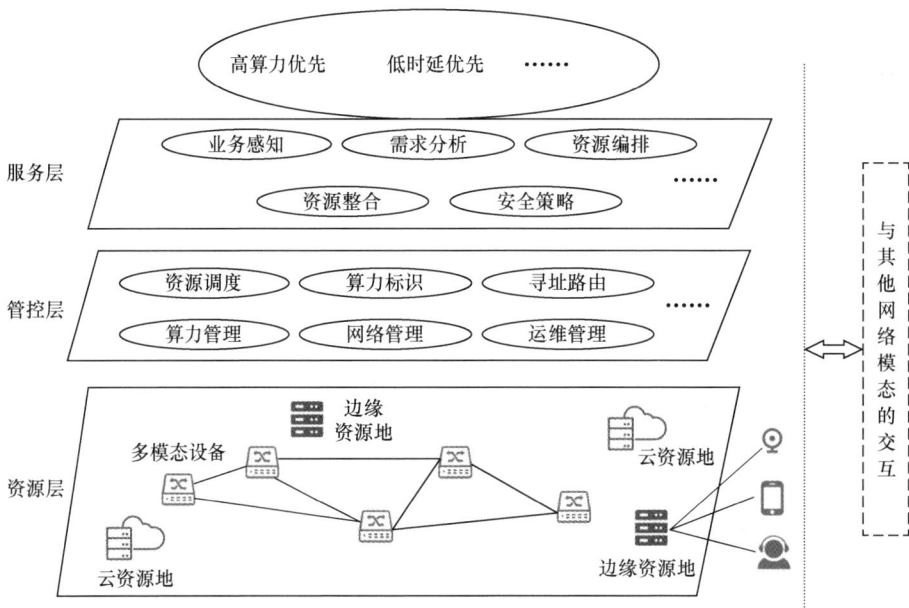

图 3-3　算力网络模态功能框架

3.2.4　算力建设的区位特征

1. 北京市全球数字经济标杆城市建设与算力发展

北京市作为国内数字经济发展的第一梯队，致力于成为全球数字经济标杆城市。2021年，北京市发布了《北京市关于加快建设全球数字经济标杆城市的实施方案》，明确了数字经济发展的阶段性目标。到2025年，北京市将建立数据驱动的高质量发展模式，数字经济增加值达到地区生产总值的50%左右，进入国际先进数字经济城市行列。

在实现这个目标的过程中，算力资源是数字产业化、产业数字化以及城市公共事业数字化发展所需的关键支撑。《北京市关于加快建设全球数字经济标杆城市的实施方案》中也明确提出了统筹各类政务云、公有云、私有云等算力中心资源，形成市级算力中心与区域算力中心相结合的整体布局，以实现北京人均算力达到3000GFLOPS[1]的目标。

目前，北京市正在快速推进全球数字经济标杆城市建设。2022年，北京市数字经济增加值已达到1.7万亿元，占GDP的比重达到41.6%，数字经济已经成为北京市经济增长的主要动能。同时，北京市也在不断提升核心产业的竞争力，软件和信息服务业在2022年的业务收入达到2.4万亿元，有32家企业进入中国互联网企业综合实力百强行列。此外，北京市还聚集了美团、抖音、京东、百度和快手等大型企业。

在算力发展方面，北京市正在加快布局超级算力中心建设工程。目前，已在海淀区和朝阳区布局了两个市级算力中心，并在石景山区和丰台区等布局了4个商业化算力中心。此外，北京市已有登记在册的数据中心80余个，机架规模超过30万架。

2. 京津冀国家算力枢纽节点建设与区域算力协同发展

京津冀地区作为全国一体化算力网络国家枢纽节点之一，具有独特的定位。该枢纽以张家口数据中心集群为主要承载区，主要的功能定位是承接北京市等地的实时性算力需求。

张家口地区自然条件优越，拥有丰富的风电、光伏等绿色能源资源，可以满足北京市建设数据中心的需求。

1　GFLOPS：Gigu Floating-point Operations Per Second，10亿次浮点运算每秒。

张家口数据中心集群的建设方案显示，到2023年年底，该集群的算力规模将达到7EFLOPS，到2025年，算力规模将达到15EFLOPS。此外，张家口数据中心集群将与北京市、天津市滨海新区、雄安新区建成直联网络，网络时延标准达到每百千米单向时延1ms。同时，张家口数据中心集群将继续保持绿色集约的建设原则，到2025年，电能利用效率（Power Usage Effectiveness，PUE）值将控制在1.25以内，可再生能源使用率达到70%以上。

目前，张家口数据中心集群内数据中心的机架上架率已经达到50%以上，PUE值为1.35，可再生能源使用率为32%，这些数据表明张家口数据中心集群在绿色节能方面已经居于领先水平。根据最新的统计数据，张家口数据中心集群已经成为中国IDC[1]，市场规模最大的区域之一，占我国IDC市场总规模的1/3以上。

3. 算力优化布局带来显著的经济社会效益

不仅是京津冀国家算力枢纽，整个"东数西算"工程都能通过短期投入便可持续地获得高效产出。相较于东部，西部建设运营数据中心涉及的成本除了土地租赁费、机电和机房园区配套建设费、电费以及人员薪酬等，还包括跨域网络租赁费。以我国东西部实际建设运行的大型数据中心为例，分析实施"东数西算"工程的数据规模与经济效益，测算结果显示：在现有网络运营商的网络条件下，到"十四五"期末，东部地区约有585.67EB的数据可向西部地区流动，

1　IDC：Internet Data Center，互联网数据中心。

"东数西算"工程将为市场节省成本约3.5%，至少带动西部地区就业1.3万人。在当前网络传输的条件下，若将东部地区可迁移的数据全部向西部地区迁移，至"十四五"期末数据中心的建设和运营成本将节省约185.49亿元。现有网络条件下"东数西算"工程成本节约效应见表3-1。

表 3-1　现有网络条件下"东数西算"工程成本节约效应

时间	在东部地区建设数据中心累计成本 / 亿元	在西部地区建设数据中心累计成本 / 亿元	累计成本差 / 万元
2022 年	22	12	4380
2023 年	50	38	4540
2024 年	98	82	4850
2025 年	180	158	5370

在一次性建设成本中，机电建设成本约占80%，机房园区配套建设成本约占20%，土地租赁成本仅占0.3%。在运维成本中，用电成本约占64%，网络租赁成本约占32%，人工成本占比较小。总体来看，在东西部建设数据中心，一次性建设成本差异较小，但随着逐年累积，运维成本制造的差距越来越大，"东数西算"工程效益将日益凸显，升级节点间直联网络条件对"东数西算"工程成本节约将有进一步的放大作用。可以说，"东数西算"工程是功在当代、利在千秋的战略工程。

3.3　数字金融

伴随着第四次工业革命的轰鸣声，汹涌的数字化浪潮正在以不可阻挡的气势席卷而来。一些深层次的变革和重塑在千行百业接连产生，传统的金融产业是奔腾翻涌的数字化浪潮搅动最深广的领域之一。

数字化在带来新业态、新机遇和新模式的同时，也不可避免地带来了新问题和新挑战。一方面，数字技术冲破了传统金融业的边界，一个更广阔的空间在金融领域面前铺展开来；另一方面，传统金融业在思维、技术、人才和组织等方面并未做好相应的准备，在一浪又一浪技术革命的冲击下，传统金融业主动或者被动地改变着自身的发展战略。

随着《"十四五"数字经济发展规划》《金融科技发展规划（2022—2025年）》的陆续出台，未来5年，金融业数字化转型仍将呈现加速发展的态势。强化数据安全能力、促进金融产品创新、开辟用户经营新路径、驱动银行等金融公司实现渠道融合、丰富业务场景模式将成为贯穿始终的主线。以联邦学习为代表的隐私计算技术为数据安全提供全新方案，从获取增量用户向运营存量用户转移，供应链金融与区块链技术深度融合，人工智能在营销、信贷、用户服务和财富管理等领域的应用持续优化，所有的新技术、新思维和新模式都预示着传统金融业的数字化转型将迈向新阶段。

3.3.1　数字金融背景

数字金融是指利用数字技术实现融资、支付、投资和其他新型金融业务模式的金融活动。通过引入新一代信息技术，例如移动互联网、云计算、大数据、区块链等，数字金融扩大了金融服务的范围，降低了交易成本，并优化了风险管理方式。在数字金融系统中，许多传统金融商业模式发生了变化，提高了金融服务的效率和质量。

数字金融是数字经济体系中的重要组成部分。在数字技术的支持下，传统经济活动中的生产、流通等环节正在经历数字化的深刻变革。数字化的经济活动减少了信息不对称，使经济活动不再受到地域限制，大幅降低了沟通和交易的成本。此外，数字经济的业务辐射范围更广，促进了各行各业深入融合，从而为整个经济体系注入活力。

数字金融业务的目的之一是为实体经济提供服务。金融在现代经济中处于核心地位，而这个核心地位只能通过为实体经济提供服务来体现。金融作为实体经济的血脉，服务于实体经济是金融的天职，是金融的宗旨，同时也是预防金融风险的根本措施。如果金融不为实体经济提供服务，大量资金将在金融体系内部空转和套利，这会导致风险集聚，并有可能引发金融危机，对实体经济造成冲击。因此，由于数字金融与传统金融有着共同的根源，服务实体经济也是数字金融的宗旨和最终目标。

3.3.2　数字金融体系概况

数字金融的核心在于利用数字技术解决传统金融体系所面临的问题。它将数据作为关键要素融入金融业务的各个流程中，从而改变了金融业务的运行方式和效率。由于数据具有流动性，从基础设施端到使用终端，数据的价值和性质在流动过程中发生了显著变化，每个环节都可以利用数据来获取收益。因此，数字金融呈现体系化和生态化的特征，并涵盖了数据获取、加工、运营和使用的全链条。数字金融生态体系如图3-4所示。

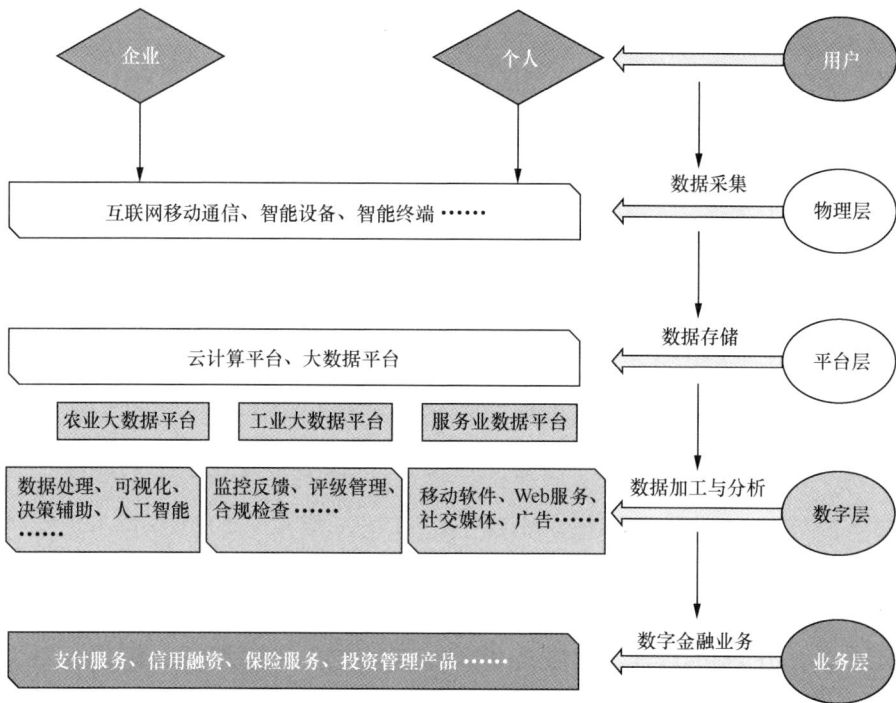

图 3-4　数字金融生态体系

具体而言，数字金融体系由用户和4个业务部分组成。

数字金融体系的用户包括企业和个人，他们是数据的生产者和数字金融服务的最终用户。业务体系由数据采集、数据存储、数据加工与分析和数字金融业务4个部门组成，分别对应图3-4中数字金融生态体系的物理层、平台层、数字层和业务层。

一是物理层：基于互联网、移动通信、智能设备和智能终端的数据采集。 利用互联网、物联网和智能传感器等技术，相关机构将每个用户转化为实时数据的提供者。以免费社交网络提供商Facebook[1]为

1　Facebook已更名为Meta。

例，Facebook通过其社交网络平台为用户提供免费的网络服务，并构建了商业和广告平台，为各类企业提供服务并获得收益。借助其庞大的网络服务体系，Facebook实时获取两类数据：一类是来自其自身平台的用户数据和设备关联的数据；另一类是来自其旗下网站以及第三方网站和应用程序的用户数据。

用户和数据采集者在数字金融体系中充当数据的生产和传输源头。通过控制用户与数据采集者之间的关系，可以以较低的成本获取基础数据，从而实现数字化转型的成本优势。

Facebook数据采集方式如图3-5所示。

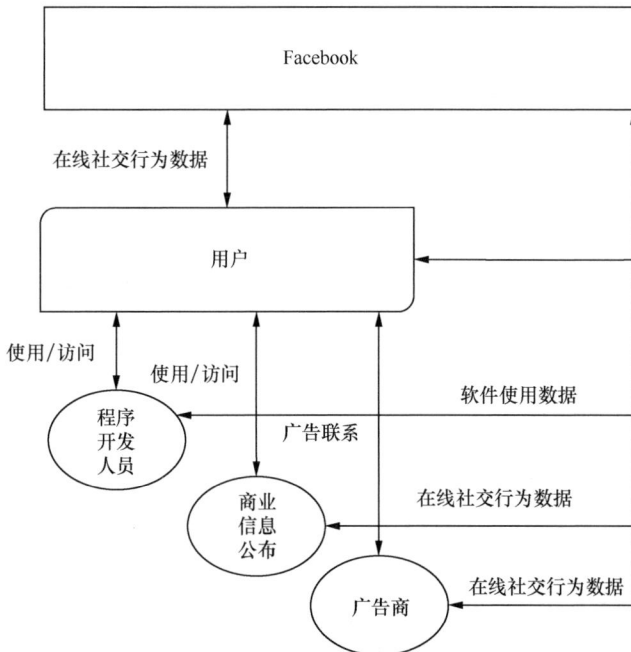

图 3-5 Facebook 数据采集方式

二是平台层：云计算平台和大数据平台。平台层负责接收和存储数字要素的数据，决定了企业能否获取数字要素，是处理数字化业务的基本条件。数据在数字金融中作为新型生产要素，与传统要素有所不同。数据既是集中的，又是分散的，需要数据服务商汇集来自线上和线下等多个维度的数据。政府和大型互联网企业凭借其服务和产品优势收集了大量的用户数据，但不同的场景对应的数据通常由不同机构独立存储和维护，导致数据分散，形成"数据孤岛"，难以快速融合。数据平台的作用就是收集各类数据，将其转化为统一的数据体系，供用户使用。

三是数字层：数据加工与分析。数字金融业务需要构建数字基础设施和应用数字技术，因此数字层是数字金融业务开展必需的技术条件。金融机构广泛根据经营情况、利润目标、成本、资金供求关系、市场利率等信息，对用户进行差异化定价。然而，在传统体系中，只有一些操作实现了自动化，例如查询个人征信和银行流水等信息，其余大部分风控流程仍然需要人工操作，这会导致范围有限、效率低下且操作风险聚集。因此，数字层的关键作用是利用数字技术，充分挖掘大数据中的关键信息，为金融机构提供精确的金融定价决策，使服务触达更多的用户。

四是业务层：数字金融服务。业务层充分利用数字层的相关经营成果，为用户提供精确和个性化的金融服务。数字金融服务提供商可以利用数字技术和数据分析的结果，根据用户需求，提供定制化的金融产品和服务。例如，数字金融服务提供商可以基于用户的风险承受能力、投资目标和时间偏好,向其推荐适合的投资组合和策略,从而为用户提供个性化服务。

3.3.3　数字金融对比传统金融的优势

数字技术在针对传统金融面临的问题时具有许多解决方案。

首先,互联网技术可以打破传统金融机构在物理空间上的限制,扩大服务范围,大幅提升与用户的联系和接触能力,使用户能够轻松地享受互联网金融服务。

其次,大数据、机器学习、神经网络等技术可以帮助传统金融机构解决产品和风险管理方面的问题。近年来,机器学习算法在图像识别、语音识别、信息检索、推荐引擎、数据挖掘和风险建模等领域取得了突破性进展,能够为金融机构建立适应时代发展、满足用户需求的金融大数据模型提供技术支持。

最后,人工智能和机器学习等技术可以使传统金融机构的业务和流程更加标准化、自动化和智能化,减少人工干预,提高效率。这些相关技术可以帮助金融企业将业务和流程上"云",通过标准化和数字化改造,形成从业务操作员到各级管理员,从产品开发、营销、管理到安全保障系统的完善的数字化基础设施体系,减少因人工操作造成的各种问题。此外,通过应用人工智能技术,搭建数字监管、合规管理体系,加快金融服务的速度。

传统金融业务痛点与数字技术解决方案如图3-6所示。

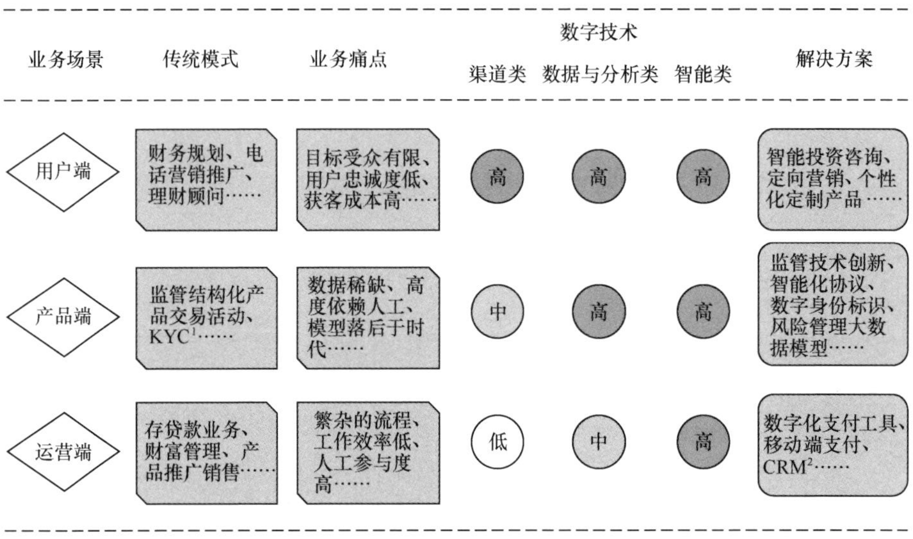

业务场景	传统模式	业务痛点	数字技术			解决方案
			渠道类	数据与分析类	智能类	
用户端	财务规划、电话营销推广、理财顾问……	目标受众有限、用户忠诚度低、获客成本高……	高	高	高	智能投资咨询、定向营销、个性化定制产品……
产品端	监管结构化产品交易活动、KYC[1]……	数据稀缺、高度依赖人工、模型落后于时代……	中	高	高	监管技术创新、智能化协议、数字身份标识、风险管理大数据模型……
运营端	存贷款业务、财富管理、产品推广销售……	繁杂的流程、工作效率低、人工参与度高……	低	中	高	数字化支付工具、移动端支付、CRM[2]……

注1：KYC（Know Your Customer，了解你的用户）。

注2：CRM（Customer Relationship Management，客户关系管理）。

图3-6　传统金融业务痛点与数字技术解决方案

3.3.4　数字金融的应用

数字金融的核心特点是利用先进的技术、数字化平台和在线交互方式，提供快捷、便利、高效和安全的金融服务。它改变了传统金融业务的模式和流程，使金融活动可以在互联网上进行，不再受时间和空间的限制。以下是一些数字金融的应用方式。

1. 移动支付

移动支付是一种通过手机应用和移动设备进行支付和转账的方式，给用户带来了极大的便捷性和灵活性。用户可以使用移动支付应用进行线上购物、扫码支付和转账等操作。传统支付方式与移动支付方式的比较见表3-2。

表 3-2 传统支付方式与移动支付方式的比较

方面	传统支付方式	移动支付方式
便捷性	需要前往实体店面或 ATM 机进行支付，时间和地点固定	可随时随地支付，只需手机连接网络
操作流程	需要携带现金或银行卡，输入密码或签名确认	只需几步操作，不需要携带大量现金或银行卡
支付方式	通常使用现金、银行卡或支票支付	可选择银行卡、信用卡、电子钱包等多种支付方式
匿名性	付款人的身份可能暴露，无法匿名支付	可通过移动支付应用实现匿名支付
安全性	现金易被盗窃或遗失，银行卡可能被盗刷	移动支付采用加密技术和安全措施保护用户信息和资金安全
转账功能	需要填写烦琐的转账信息，可能需要前往银行柜台	可通过输入收款人手机号或扫描支付二维码快速完成转账

2. 电子商务

电子商务是指通过互联网平台进行商品和服务的买卖与交易。随着互联网技术的飞速发展和普及，电子商务已经成为现代商业领域的重要组成部分。用户可以通过在线购物、电子商城和电子商务平台等渠道方便地购买所需要的商品和服务。电子商务的发展不仅为消费者提供了更加便捷的购物方式，也为企业提供了全球范围内的销售渠道，推动了商业模式和消费习惯的变革。

互联网的普及和全球化趋势使电子商务得以快速发展。通过电子商务平台，消费者可以随时随地访问各种商品和服务，无论是日常生活用品、时尚服饰、电子产品还是旅游服务等，几乎所有的需求都可以在电子商务平台上找到。传统商务与电子商务的比较见表3-3。

表 3-3　传统商务与电子商务的比较

特点	传统商务	电子商务
购物方式	消费者需要前往实体店面购物	消费者可以通过电子商务平台随时随地在线购物
销售渠道	有限的销售渠道，通常受所在地区或实体店面限制	全球化的销售渠道，企业可以将产品和服务推广到全球范围内的受众群体
信息获取	消费者需要亲自走访多家实体店面获取产品信息	消费者可以通过搜索引擎和电子商务平台获得丰富的产品信息，包括价格、功能、用户评价等
营销手段	传统的广告、促销和口碑传播等方式	个性化推荐、精准营销和社交媒体等新型营销手段
运营成本	高昂的租金和人力成本，运营成本较高	不需要支付高昂的租金和人力成本，运营成本相对较低
交易安全	面临一定程度的交易风险，现金支付可能存在安全隐患	电子商务平台加强了安全措施，采用加密技术和身份验证，用户的个人信息和交易安全得到保护
购物体验	需要到实体店面，购物体验受到时间和地域的限制	通过电子商务平台，消费者可以随时随地浏览和购买商品，购物体验更便捷和灵活
数据分析	难以获得准确的消费者数据，市场分析相对困难	通过用户数据分析和个性化推荐算法，电子商务企业可以了解消费者的购买偏好和需求，进行精准的市场定位和产品推广

电子商务的发展不仅对消费者和企业产生了重要影响，也对经济和社会产生了深远的影响。首先，电子商务的兴起推动了物流和供应链领域的创新和发展。快速、准确的物流配送和库存管理成为电子商务企业的重要竞争优势，同时也带动了物流行业的发展。其次，电子商务的崛起改变了传统零售业的格局，传统实体店面临巨大的竞争压力，不少企业纷纷转型开展电子商务。此外，电子商务也促进了新兴产业的发展，例如在线教育、共享经济和在线旅游等。

3.4 数字治理

数字治理是指利用数字技术和信息网络进行治理和管理的方式，治理包括电子政务、数字化城市管理、数字化公共服务等领域。数字治理可以提高政府效率、增加政府工作透明度、促进社会参与和提高居民生活质量。

3.4.1 数字治理背景

我们认为，数字治理是指以数字化赋能治理体系和治理能力，构建新型治理体系为目标，在政府主导下，平台与企业、社会组织、公民个人等多元主体共同参与相关事务的制度安排和持续过程。

数字治理需要遵循一定的原则，例如，数字治理要求政府公开数据和信息，以便公众了解政府的工作和决策，从而提高政府工作的透明度，增强公众对政府的信任。其次，在依法治国的背景下，数字治理必须遵守法律规定，保护公民的合法权益。同时，在多元参与及创新包容方面，应鼓励公众参与决策过程，提高政府的回应性和有效性。政府可以通过数字化平台和社交媒体等渠道，与公众进行互动和沟通，同时应该积极推动技术创新和应用，提高公共服务的质量和效率。

数字治理在保障数据安全和保护隐私方面发挥着重要作用，政府制定和执行数字治理政策和法规，能够使公民的隐私权、信息安全等得到保障。例如，一些国家已经制定了相关的法律法规，明确规定数据收集、存储、使用和传输等环节的安全标准和规范，防止数据被泄露和滥用。同时，数字治理还能加强数据安全监管，建立完善的数据安全管理体系，确保数据的安全性和个人的隐私保护。

数字治理是推动国家治理能力现代化和数字经济国际化发展的重要手段。数字治理能力并不特指某一特定领域或者功能，更多体现为调动线上线下资源、统筹国内外大局，以应对数字社会治理挑战的能力。通过数字治理，政府可以优化资源配置、提高决策效率、增强公共服务的能力。政府利用数字技术进行市场监管，可以更加及时、准确地掌握市场的动态和风险情况，提高市场监管的针对性和有效性。其次，数字治理还可以建立风险评估、预警和应对机制，防范和化解数字经济领域的风险和问题，例如，在乡村治理中，健全数字化治理机制，并采取有效的措施防范风险，能更好地发挥数字技术对乡村治理的提升作用，满足居民对管理和服务的需求。

3.4.2　数字治理挑战和问题

1. "数字鸿沟"问题

"数字鸿沟"又称信息鸿沟，即信息富有者和信息贫困者之间的鸿沟，是指在全球数字化进程中，不同国家、地区、行业、企业、社区之间，由于对信息、网络技术的拥有程度、应用程度以及创新能力的差别，而造成信息差。

其中，信息茧房是"数字鸿沟"领域的一个突出问题。信息茧房在信息传达平台利用推送机制将用户感兴趣的内容推送给用户，而屏蔽用户并不关心的内容，这会导致产生信息差，从而出现"数字鸿沟"。新技术的出现往往也会带来"数字鸿沟"，快速掌握和利用新技术的一方将会相对于那些无法掌握和利用新技术的一方产生压倒性的优势。对于一个国家来说，如果无法掌握新技术，则会面临其他已掌握新技术的国家的技术封锁，造成国与国之间的"数字鸿沟"，从而对国家安全带来严重的威胁。

2. 数字隐私和伦理问题

现如今，以应用账号密码、支付密码和聊天记录等为代表的新型隐私数据成为不法分子觊觎的对象。当个人隐私数据被不法分子收集、分析和倒卖时，用户就像在网络世界中"裸奔"，这是一件十分可怕的事情。如何在数字时代保护用户的隐私也是目前产业界和企业迫切需要解决的难题。

3. 数字法治仍需完善

数字经济发展、数字社会治理呼唤加强数字法治的建立和健全。虽然我国互联网兴起于20世纪90年代，蓬勃发展于21世纪初期，并且一直在针对互联网治理和网络安全等健全相应的法律法规，但仍会出现诸如"网络键盘侠"网暴他人的情况；数字知识产权被盗取使用和转手买卖的问题屡禁不止。建立健全的数字法律法规是数字法治建设中一个亟待解决的问题。

4. 数字核心技术薄弱

一个国家的数字核心技术可以体现这个国家的综合国力，代表国家的核心竞争力。我国在数字核心技术领域目前仍面临一些挑战：一是大数据产业的支撑能力不够，需要加强自主创新；二是企业数字化转型意识不足，需要引导和支持；三是数字技术应用推广力度不够，需要加快构建高速泛在、天地一体、云网融合等技术在工业领域的应用。

3.4.3 数字治理在数字经济发展中的作用

1. 人工智能等技术治理

随着数字经济的快速发展，人工智能技术已成为数字经济的重要支撑。人工智能凭借强大的数据分析和处理能力，可以更好地帮助政府和企业管理与利用数据资产，以提高数据的价值。同时人工智能也能提供智能化的决策支持和风险管理，从而推动数字经济的发展。

全球各国都在积极探索人工智能在数字经济发展中的应用。2018年，美国发布《人工智能就业法案》，该法案提出营造终身学习和技能培训环境，以应对人工智能对就业带来的挑战；2019年，中国发布《新一代人工智能治理原则——发展负责任的人工智能》，提出8项治理原则以发展可信的人工智能，积极探索人工智能治理实践方案的落地；2020 年，欧盟委员会发布《人工智能白皮书》，提出将针对可信人工智能建立新的监管框架，同时也应避免因过度监管而阻碍数字经济的创新和发展。

面向未来的数字经济发展，我国应准确把握新一代人工智能发展的特点和规律，加强伦理及治理体系的理论研究，探索构建符合我国国情的人工智能治理框架，营造健康可持续的数字经济发展环境。

2. 生成式人工智能治理

生成式人工智能，例如，ChatGPT、文心一言等，具有生成和理解自然语言的能力，可以帮助政府和企业高效地处理与分析大量的文本数据，用于自动化处理信息、分析结果和生成报告，并提供智能化的决策支持。例如，美国证券交易委员会利用生成式人工智能技术处理和分析大量的金融交易和市场数据；欧盟委员会利用生成式人工智能技术分析大量的企业申报和市场数据；中国国家市场监督管理总局探索使用生成式人工智能技术处理和分析大量的消费者投诉和举报信息。

3. 区块链治理

区块链作为一种"去中心化"、透明和安全的分布式账本技术，具有可追溯性、不易篡改性和智能合约的特点，可提供可信的数据交换和存储，增加数据的透明度和可靠性。例如，瑞士作为全球重要的数字资产交易中心之一，已采用区块链技术来实现数字资产的安全交易和结算。2017 年，《区块链和分布式记账技术 参考架构》在全国信息安全标准化技术委员会获批立项。2023 年 5 月，该标准正式发布，这是中国首个获批发布的区块链技术领域国家标准，该标准是指导我国区块链技术应用和产业发展的基础性、通用性标准，规范了区块链系统的功能架构、核心要素等，为产业界统一对区块链概念的认识、建设完善区块链系统、选择使用区块链服务提供参考指引，目前已在上百家区块链企业中得到应用。区块链作为一个具有推动产业变革能力的新技术，发展势不可挡。区块链提高了数字经济的可信度、透明度和效率，促进了数字经济的治理和可持续发展。

4. 元宇宙等前沿技术治理

元宇宙模拟了一个虚拟的、与现实世界平行的、可交互的数字空间，可提供丰富的数字化交互体验。全球范围内，越来越多的国家意识到元宇宙在数字经济治理方面的潜力：美国一些公司和平台利用元宇宙技术建立了虚拟资产交易平台；中国推动元宇宙大力发展，并在一些城市建设了元宇宙试点项目，例如北京、上海、武汉等。这些实践案例展示了元宇宙技术在数字经济治理中的应用和潜力。通过VR技术，数字经济的治理能力得到增强。然而，需要注意的是，元宇宙技术仍处于发展阶段，面临技术、安全和隐私等挑战，需要进一步研究和规范其应用。

3.4.4　数字治理的应用场景

1. 高校的数字治理

近年来，德国高校数字治理在技术、组织、环境层面继续推进，并积累了一些独特的发展经验：在技术层面，打造全流程"数字校园"，促进高校内外部数据的流动；在组织层面，搭建多元协同治理架构，建设数字治理专业人才队伍；在环境层面，完善制度和法律框架，提升数字治理的执行力和安全度。德国的发展经验显示，高校的数字治理离不开技术、组织、环境因素的均衡发展和互动，这为我国推进高校数字治理提供了有益的启示。

2. 农业的数字治理

欧盟曾推出一个名为"农业生产力与可持续的欧洲创新伙伴关系计划"的项目。在这个项目中，欧盟委员会致力于建立一个挖掘数据价值的运营机构，通过发挥农业大数据价值来解决欧盟不同地区农业发展面临的难题，以更好地推进欧盟精细化农业生产的智慧化和数字化发展。对于小农户，提升其对农业数据价值的认知水平，通过技术培训激励其发展数据化精细农业；对于中欧和北欧的农场主，提升精细化农业生产中数据及技术的运用范围；对于南欧农业生产者，建立数据化的水利系统以提升其精细化农业生产水平。

3. 国际合作的数字治理

中国在多个领域积极参与国际合作，为全球数字治理贡献中国智慧与方案。中国积极倡导"数字丝绸之路"建设，将数字治理与丝绸之路相结合，带动丝绸之路沿线发展中国家数字基础设施的建设和数字经济的快速发展，缩小全球的"数字鸿沟"。2019年，中国与国际电信联盟签署《关于加强"一带一路"框架下电信和信息网络领域合作的意向书》，推动跨境光缆设施建设，与吉尔吉斯斯坦、塔吉克斯坦、阿富汗签署丝路光缆合作协议，加快网络设施联通的进程。同时，中国在数字资源方面积极与东盟、二十四国集团等国际组织进行交流与合作，提升中国在全球数字治理方面的话语权，积极维护发展中国家在数字资源配置方面的权益。

3.4.5　数字治理的未来发展趋势

1. 数据共享和互联互通

数据共享可以方便不同地方使用不同计算机、不同软件的用户能够读取他人数据并进行各种操作、运算和分析。实现数据共享，可以使更多的人充分使用已有的数据资源，减少资料收集、数据采集等重复劳动和相应费用，从而把精力重点放在开发新的应用程序及系统集成上。

2. 跨国治理合作

如今，随着跨国企业数量的日益增加，基于统一人力资源管理的需要，母/子公司需要彼此之间传输国际员工的个人信息。利用数字治理技术建立稳定的跨国传输通道，可以有效提高跨国公司的交互效率，破除国际交流壁垒，加强国际合作。

3. 技术创新和多元监管

随着数字治理能力的提升，可利用数字技术赋能政府监管，例如，利用大数据技术可以实时了解国内舆情的动向，帮助政策制定者更加科学合理地制定相关政策。而将政府多部门联合在一起实现多元监管，可以有效发挥各部门的数据协同处理能力，有效、充分地利用数据，为实现政府治理体系和治理能力现代化贡献力量。

3.4.6　制定数字经济相关法律和政策措施

1. 出台数字经济发展顶层规划

近年来，我国提出了数字经济治理体系的全新思路。2021年12月，国务院印发《"十四五"数字经济发展规划》，其中第八部分"健全完善数字经济治理体系"提出，要强化协同治理和监管机制，增强政府数字治理能力，完善多元共治新格局。

2022年6月，国务院印发《关于加强数字政府建设的指导意见》，提出要充分运用数字技术支撑构建新型监管机制，以有效监管维护公平竞争的市场秩序。

2022年10月，党的二十大报告指出，要完善社会治理体系，健全共建共治共享的社会治理制度。

2023年2月，中共中央、国务院印发《数字中国建设整体布局规划》，提出要建设公平规范的数字治理生态，完善法律法规体系，及时按程序调整不适应数字化发展的法律制度。

上述顶层设计为构建以社会共治为基础、以公私合作为特征的数字治理体系提供了重要的政策遵循和实践道路。

2. 推动人工智能等技术治理

人工智能作为一种数据驱动的技术，容易被大型集团和机构等数据所有者操纵。人工智能受技术、政治经济和社会文化的多面性和复杂性影响，需要一种更系统的风险治理框架。就人工智能国际治理的现状来看，一方面，人工智能治理规则在内容与形式上均处于较为原始的形态，即以伦理规则为主要内容、以非政府主体制定的软法为主要载体；另一方面，尽管当前缺乏直接规制人工智能的有约束力的国际规则，但数据流动治理规则、用户保护规则等为人工智能的治理间接提供了丰富的依据。

目前，全世界在政府层面所达成的最广泛的人工智能共识是2021年联合国教科文组织大会通过的《人工智能伦理问题建议书》，它将为进一步形成人工智能国际标准和国际法等提供参考。我国于2023年7月，国家互联网信息办公室等七部门联合发布《生成式人工智能服务管理暂行办法》，进一步促进生成式人工智能健康发展。

3. 强化数据安全

我国高度重视数据安全工作。2021年9月1日起实施的《中华人民共和国数据安全法》多次提及数据安全治理，其中明确指出："数据安全，是指通过采取必要措施，确保数据处于有效保护和合法利用的状态，以及具备保障持续安全状态的能力。""维护数据安全，应当坚持总体国家安全观，建立健全数据安全治理体系，提高数据安全保障能力。"

数据安全治理是围绕数据安全使用的愿景，构建数据安全防护、数据敏感信息管理和数据合法利用三大目标的技术保障体系，从而实现让数据使用更安全的目标。

3.5　小结

本章系统地介绍了产业物联网、算力能力建设、数字金融、数字治理等方面数字经济实践与取得的效果。产业互联网是数字经济的核心组成部分，互联网技术使各行各业可以连上"云端"并进行数据共享和信息流通，产业互联网通过对资源和信息的整合，优化资源分配、把控生产流程、提高生产效率。算力能力建设是数字经济发展中技术创新的关键。随着人工智能、大数据、区块链、元宇宙等新一代信息技术的不断发展，对算力能力也提出新的要求。而随着新一代信息技术的不断发展与深度应用，数字治理也成为国家治理体系现代化的必然趋势。

通过本章，我们可以清晰地看到数字经济在产业数字化、农业、工业等领域的实践与促进效果。党的二十大报告与《"十四五"数字经济发展规划》中都提出：坚持把发展经济的着力点放在实体经济中，推进数字经济与实体经济的融合。在"十四五"期间数字经济将转向深化应用、规范发展、普惠共享的新阶段。在接下来的章节中，我们将研究促进数字经济发展的新动能——新质生产力及其发展等内容，以期为我国数字经济的可持续发展提供科学合理的建议。

第 4 章

新质生产力发展
如日方升

纵观人类发展史，科技创新始终是一个国家、一个民族发展的不竭动力，是社会生产力提升的关键因素。新质生产力在科技创新中发挥了主导作用。近年来，全球经济增长的新引擎，无一不是由新技术带来的新产业。

4.1 新质生产力的概念与发展

当下，人工智能、大数据等前沿科技正在以前所未有的速度融入生产力体系。这一时代的特点是数字化和智能化，它为企业和社会提供了前所未有的机遇，同时也带来了新的挑战。在这个背景下，新质生产力的提出，不仅是科技创新的必然结果，也是经济发展的客观要求。科技创新的快速发展，使得新技术、新业态、新模式不断涌现，为生产力的发展提供了新的动力和机遇。同时，随着经济的发展和竞争的加剧，传统产业面临转型升级的压力，需要依靠科技创新和产业升级来提高生产效率和产品质量，增强竞争力，实现高质量发展。高质量发展需要新的生产力理论来指导，而新质生产力已经在实践中形成并展示出对高质量发展的强劲推动力与支撑。

4.1.1 新质生产力的概念

1. 新质生产力的理论过程

2016年5月17日，习近平总书记在哲学社会科学工作座谈会上指出："坚持马克思主义，最重要的是坚持马克思主义基本原理和贯穿于其中的立场、观点、方法。这是马克思主义的精髓和活的灵魂。"

基于构成要素的发展，生产力总是处在从量变到质变的能级演化之中，新质生产力是以科技创新为主导的生产力质态，实质上仍然属于马克思主义的生产力范畴。

生产力是由多要素构成、具有特定结构和功能的有机系统，可以称为生产力系统。马克思在《资本论》中明确指出，劳动生产力是由多种情况决定的，其中包括：工人的平均熟练程度，科学的发展水平和它在工艺上应用的程度，生产过程的社会结合，生产资料的规模和效能，以及自然条件。可见生产力系统是由劳动者、生产资料、科学技术知识和组织管理方式四大要素共同组成的有机整体。马克思曾在不同语境下使用过"新的生产力"和"新兴生产力"，用以分析生产力不同时代、阶段、社会形态的呈现形式，并形成了有关生产力发展进步的理论。

生产力的发展是社会历史发展的物质基础，是推动社会形态演进的决定性因素。从发展来看，科学技术知识的飞速发展，能够提高生产力系统中劳动者、生产资料和联系方式与组织管理方式的实际水平，进而推动生产力的发展。从长期来看，生产关系必须适应生产力发展的需要，生产关系不适合生产力的状况会阻碍生产力的发展，从而建立新的、适应生产力发展的生产关系。生产力和生产关系的发展都要经历从量变到质变的过程。当前，作为先进生产力的新质生产力，必然推动生产关系的重大变化，也必然要求与之相适应的新的生产关系。

新质生产力的提出，反映了新时代生产力由"量"的积累转向以"质"的突破带动"质量"融合发展的新趋势，为生产力水平总体跃升提供了新思路。新质生产力的提出及擘画，是对马克思生产力理论的创新发展，是马克思主义政治经济学的中国化时代化，开辟了马克思主义政治经济学中国化时代化的新境界。

2. 新质生产力的定义

2023年9月，习近平总书记在黑龙江考察时首次提出"新质生产力"这一重要概念，指出"整合科技创新资源，引领发展战略性新兴产业和未来产业，加快形成新质生产力"。

2023年中央经济工作会议强调，"要以科技创新推动产业创新，特别是以颠覆性技术和前沿技术催生新产业、新模式、新动能，发展新质生产力"。

2024年1月31日，习近平总书记在中共中央政治局第十一次集体学习时强调，"新质生产力是创新起主导作用，摆脱传统经济增长方式、生产力发展路径，具有高科技、高效能、高质量特征，符合新发展理念的先进生产力质态。新质生产力的动力来源是由技术革命性突破、生产要素创新性配置、产业深度转型升级而催生，以劳动者、劳动资料、劳动对象及其优化组合的跃升为基本内涵，以全要素生产率大幅提升为核心标志，特点是创新，关键在质优，本质是先进生产力。"

3. 对新质生产力的认识

发展新质生产力，培育新产业是重点任务。战略性新兴产业、未来产业，是构建现代化产业体系的关键，是发展新质生产力的主阵地。要发挥科技创新对人形机器人、元宇宙、车联网、物联网等产业发展的引领带动作用。新质生产力是马克思主义生产力理论的创新和发展，凝聚了党领导推动经济社会发展的深邃理论洞见和丰富实践经验。

基于习近平总书记对新质生产力的擘画与研究并参考多方成果，我们认为，新质生产力是生产力现代化的具体体现，即新的高水平现代化生产力，是以前没有的新的生产力种类和结构，相比于传统生产力，主要体现为"六新三质与七化"，即新技术、新模式、新业态、新领域、新动能、新优势的赋能发展，物质、品质、质量的有效提升，最终实现产业革命的信息化、网联化、数字化、智能化、自动化、绿色化、高效化。同时，我们得出新质生产力的理论研究公式：

新质生产力=（科学技术+生产要素+产业）×（劳动力+劳动工具+劳动对象）

新质生产力的焕发，需要跃升式的新逻辑：科学技术需要革命性突破、生产要素需要创新性配置、产业需要深度转型升级。它不是"1+1+1"之后再多加几个"1"，而是在"1+1+1"的基础上再"×2、×3、×4"。它的成长，告别传统路径，走上新的赛道。它是能改变生产方式和生活方式的生产力。新质生产力的形成，还需要不断调整生产关系。全面深化改革的内在逻辑之一，就是不断调整生产关系，以激发社会生产力发展活力。因此，新质生产力带来的不仅是发展命题，也是改革命题。

因此，要加快发展新质生产力，首先，要继续做好创新这篇大文章，培育和发展新质生产力的新动能；其次，要进一步全面深化改革，形成与之相适应的新型生产关系；再次，要畅通教育、科技、人才的良性循环，完善人才培养、引进、使用、合理流动的工作机制。

4.1.2　新质生产力的特征

新质生产力是在科技进步和社会变革的推动下产生的，对传统生产力模式进行根本性革新的一种生产方式。与传统生产力相比较，新质生产力具有高科技、高效能、高质量特征。

新质生产力以科技创新为主导，整合创新链、产业链、资金链和人才链，加速科技成果转化。我国科技创新实力不断增强，在多领域实现重大突破，已成为创新型国家，为新质生产力快速发展奠定了坚实基础。

新质生产力以高效能的战略性新兴产业和未来产业为关键支撑点，依托创新力与高技术特性，加速生产力转型。通过布局未来产业，我国正加快构建新发展格局，为新质生产力奠定坚实基础。

新质生产力以新供给与新需求高水平动态平衡为目标，促进社会大生产良性循环。发展新质生产力不仅符合高质量发展目标，还能促进经济循环优化，放大市场规模效应，确保经济增长和社会发展的长期稳健。

新质生产力特征的表现形式如图4-1所示。

数字化和智能化驱动。新质生产力以数字化和智能化为核心，通过人工智能和物联网等技术，实现生产过程的全面数字化和智能化。这使生产系统更加高效、精密，提高了生产过程的可控性和可预测性。

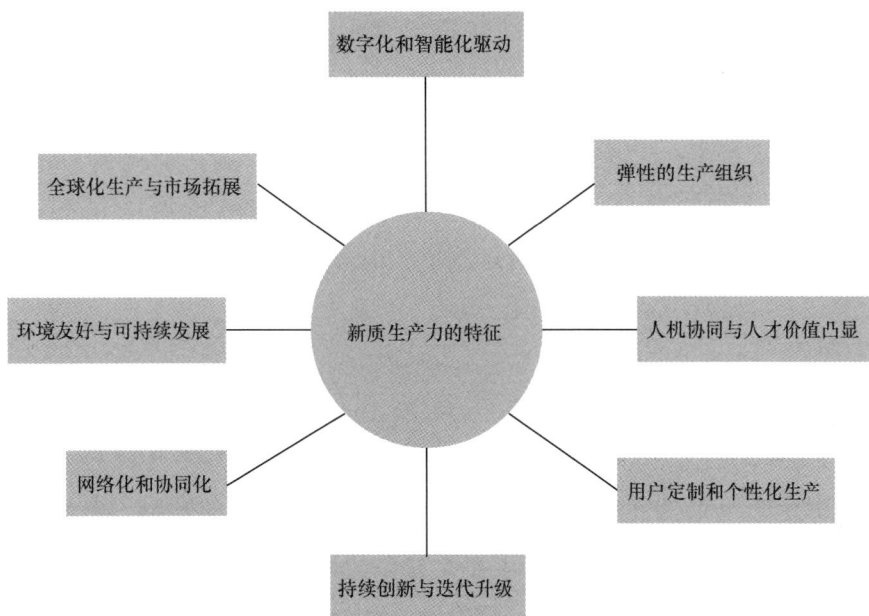

图 4-1　新质生产力特征的表现形式

弹性的生产组织。新质生产力强调灵活性和适应性，使传统生产线逐渐变得有弹性。弹性的优势是能够快速调整生产计划，使企业能够更好地应对市场的不确定性。

人机协同与人才价值凸显。新质生产力将人与机器的协同作业程度推向新的高度。自动化和机器学习等技术的引入使人力劳动和机器智能得以有机结合，充分发挥各自的优势。同时，强调员工的创造力、创新性和团队协作能力，使人才的价值在生产过程中更加凸显。

用户定制和个性化生产。新质生产力倡导用户定制和个性化生产，与传统大规模批量生产模式有所不同。通过数字技术，企业能够更灵活地满足用户的个性化需求，减少库存，提高产品的市场适应性。

持续创新与迭代升级。新质生产力强调持续创新，产品和生产过程不再是一成不变的。通过不断地研发和升级技术，企业能够及时推出新产品，满足市场需求，保持市场竞争力。

网络化和协同化。新质生产力倡导企业内外的网络化和协同化。通过构建数字化的供应链、与合作伙伴紧密协作，企业能够更好地实现资源共享、信息共享和风险共担，形成更高效的协同生产网络。

环境友好与可持续发展。新质生产力注重环境友好，采用更环保、绿色、高效的生产方式，关注生产过程对环境的影响，并致力于可持续发展。

全球化生产与市场拓展。通过数字技术，企业能够更便捷地进行跨国合作、拓展市场，实现全球资源的优化配置。

另外，技术创新和信息技术是新质生产力崛起的关键因素，对生产关系产生了重要的影响。

技术创新是新质生产力崛起的核心推动力。新质生产力通过引入前沿技术，例如人工智能、机器学习、物联网、大数据等，实现了生产方式发生根本性改变。人工智能的运用使生产决策更智能化，机器学习通过分析大量数据实现生产过程的优化，而物联网的引入实现了设备之间的实时通信和协同工作。这些技术的集成使企业能够灵活地适应市场变化，推动生产方式的升级和创新。

信息技术对生产关系产生了深远的影响，打通企业内部和外部的互动模式。数字化转型使供应链变得更加透明和高效。协同工作平台的建立和使用促进团队成员之间实时协作和信息共享，改变了传统组织结构。数字化决策支持系统为管理层提供了更好的数据基础，使其能够更准确地理解生产过程和市场趋势，从而做出更明智的决策。此外，信息技术的应用还实现了个性化和定制化生产，企业能够更灵活地满足用户个性化的需求，改变与用户的互动方式。

4.1.3 新质生产力与传统生产力的比较

1. 生产力与生产关系

生产力概念是历史唯物主义最根本的理论基石。从本质上看，生产力概念的形成过程和历史唯物主义的发展历程具有一致性。马克思恩格斯在《德意志意识形态》一书中指出，在社会经济活动中，生产是双重关系的表现。一方面是自然关系，另外一方面是社会关系。在《资本论》中，马克思立足劳动二重性的视域，将生产力作为生产关系的物质载体来研究，指出在物质资料生产活动中会形成两个方面的关系：一方面是人类与自然界之间的关系，这表现为生产力；另一方面是人与人、人与社会之间的关系，也就是指生产关系。从根本上看，生产力决定生产关系，生产关系涉及生产、流通、交换和消费环节，还包括人在生产中的地位和相互关系，产品分配的形式等，即财产关系、劳动关系和交换关系等。更进一步地，与生产力发展一定阶段相适应的生产关系的总和构成经济基础，经济基础又决定着政治、法律、文化等社会的上层建筑。因此生产力通过对生产关系发挥决定性作用，进而决定着社会的经济形态、政治形态、观念形态。马克思认为，生产力一旦发生变化，必然引起生产关系的变化。

125

2. 新质生产力与传统生产力

新质生产力通过引入先进技术、创新管理模式和数字化手段，使生产过程更加高效、灵活和智能，并在经济和社会层面实现可持续发展。新质生产力的崛起对全球经济和社会产生了深远的影响，它改变了传统的生产方式，提高了生产效率和产品质量，同时也带来了更多的就业机会和经济增长点。

新质生产力是相对传统生产力发生质变的新生产力。从国家竞争优势发展阶段来看，传统生产力是要素驱动和规模驱动的生产力，新质生产力是创新驱动的生产力。从人类技术—经济范式来看，两种生产力均由技术革命驱动，传统生产力是旧技术—经济范式的生产力，新质生产力是绿色化数智化相促相融的生产力，即绿智综合技术—经济范式的生产力。

新质生产力的不同体现在：一是新劳动者，即劳动者的高度自然性、社会性、知识性；二是新劳动对象，即以可无限循环利用的信息资源——数据为关键劳动对象；三是新劳动工具，即人工智能；四是以智能网络通信技术、可再生能源、新能源交通技术的动态结合为支撑；五是数字化、绿色化、低碳化融合，集绿色智慧于一身，是具有内在可持续性的生产力。

新质生产力在技术、人力资源、管理、资源利用以及市场响应上的全面升级，标志着生产力发展的一个崭新阶段。新质生产力与传统生产力的比较见表4-1。

表 4-1　新质生产力与传统生产力的比较

内容	传统生产力	新质生产力
技术基础	传统的机械设备和手工劳动	现代技术，例如人工智能、大数据、自动化等
劳动力需求	依赖人力劳动，劳动密集型	自动化和高度技术化，减少对人力劳动的依赖
效率和速率	生产过程相对较慢	更高效，能够快速响应市场需求
灵活性和适应性	相对缺乏灵活性，难以适应市场变化	更灵活，能够快速适应不断变化的市场需求
数据驱动和决策	决策可能更依赖经验和直觉	数据驱动决策，利用大数据分析优化决策
资源利用	对资源的利用率较低	更注重智能化和可持续性，优化资源利用，更环保，更绿色
创新	相对较慢	更容易引入和应用新技术，促进创新
适用行业	一些传统行业，例如传统制造业	技术、互联网和创新驱动的行业
人力投入	相对较高	自动化可以减少人力投入，提高效率
适应市场需求	相对较慢	更快适应市场需求变化

　　新质生产力是数字时代更具融合性、更体现新内涵的生产力。以科技创造为引领，重视科技、尊重人才，不断开辟发展新领域新赛道，持续塑造发展新动能新优势。新质生产力的形成需要依靠创新驱动，需要整合各种资源，包括科技创新资源、人力资源和资本等。同时，新质生产力的形成需要全社会的共同参与，也需要政府、企业、

科研机构、高校等协同合作。

在构建新质生产力的过程中，数字化和智能化是关键的推动力。数字化将传统产业的"点—线—面"转化为数据，实现了信息的高效管理和分析；而智能化则通过人工智能、机器学习等技术，赋予系统自动学习、优化和适应的能力。

3. 新质生产力是传统生产力质的跃迁

我们认为，新质生产力代表了生产力演化过程中一种能级跃升。新质生产力是以科技创新为主导、以现代化产业体系为载体、以高质量发展为旨归的生产力，并由此成为贯穿中国式现代化系统工程的关键"经络"。新质生产力是传统生产力的质的跃迁，涉及领域新、技术含量高，依靠创新驱动是关键。

"新质生产力"与"传统生产力"截然不同，传统生产力是以第一次和第二次产业革命为技术基础，以劳动、资本和土地为主要要素，以产值是否增加为衡量标准；新质生产力是以在信息革命基础上孕育兴起的第四次产业革命为基础，以先进技术和数据为主要要素，以能否推动产业创新以及能否构建新的竞争优势为价值尺度。

从新质生产力的结构逻辑看，"高素质"劳动者和"新介质"劳动资料的采集、编码、存储和赋值等直接作用于新质劳动对象，不仅能够打破传统劳动场域和时空场所，从而提高劳动效率，而且能够推动资源要素，实现快捷流动和高效匹配，促进生产、交换、分配和消费开启全方位重构，从而推动整个社会物质生产体系发生质的飞跃。

4.2 新质生产力与生产关系

　　新质生产力的快速发展和广泛应用，在对生产关系产生深刻影响和变革的同时，生产关系的适应性变革反过来促进了新质生产力的进一步发展。新质生产力与生产关系如图4-2所示。

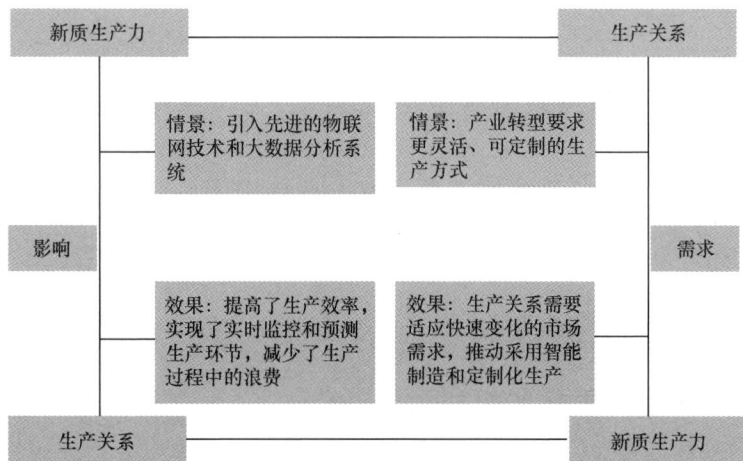

```
新质生产力 ──────────────── 生产关系

        情景：引入先进的物联      情景：产业转型要求
        网技术和大数据分析系      更灵活、可定制的生
        统                      产方式

影响                                              需求

        效果：提高了生产效率，    效果：生产关系需要
        实现了实时监控和预测      适应快速变化的市场
        生产环节，减少了生产      需求，推动采用智能
        过程中的浪费            制造和定制化生产

生产关系 ──────────────── 新质生产力
```

图4-2　新质生产力与生产关系

　　首先，新质生产力的发展推动了生产关系的变革。新质生产力的引入和应用，使传统产业不断进行技术创新和模式创新，在提高生产效率和产品质量的同时也使新兴产业得到快速发展，从而推动产业结构的优化和升级。这种变化不仅改变了生产关系的形态和特点，也深刻影响了生产关系的变革和发展。

　　其次，生产关系的适应性变革促进了新质生产力的进一步发展。为了适应新质生产力的发展需求，生产关系需要进行适应性变革。这种变革包括企业内部的组织结构调整、激励机制改革，以及外部的市场规则调整、政策法规完善等方面。生产关系的适应性变革，能够使生产关系更好地适应新质生产力的发展需求，推动经济社会的进步和发展。

最后，推动新质生产力与生产关系的协调发展是推动经济社会进步的重要途径。新质生产力与生产关系的相互关系和影响，是经济社会进步的重要动力和支撑。

4.2.1　生产关系的变革与发展

生产关系的变革是新质生产力发展过程中的核心动力之一。生产关系涉及人与人之间在生产活动中的相互关系、资源分配、权利与义务等方面的组织和制度安排。

1. 传统生产关系的挑战

传统企业的技术滞后主要表现在生产流程和制造设备的老旧程度，这导致生产效率的下降，旧有的技术难以适应快速变化的市场需求和复杂的生产环境。随着数字经济的崛起，物联网、人工智能、大数据等新一代信息技术，为企业提供了全新的生产手段，可以实现智能化制造、精细化管理和灵活化生产。

传统企业在更新技术方面感受到迫切性，这主要是因为市场竞争压力日益增大。采用先进技术不仅可以提高效率，还可以降低成本，提高产品质量，从而增强企业在市场上的竞争力。与此同时，数字技术的应用使企业能够更好地理解市场趋势，精准地获取用户需求，快速调整生产和供应链，以满足不断变化的市场需求。

更新技术的迫切性也表现在降低交付周期的需求上。数字时代，用户对产品的交付速度有了更高的期望，传统企业如果不能及时调整生产流程、优化供应链，并利用数字技术实现即时反馈和调整，则难以满足市场的快速变化，可能面临失去市场份额的风险。

对于传统企业而言，更新技术已经成为生存和发展的迫切需求。这不仅是技术工具的更新，更是企业文化、组织结构和管理方式的全面变革。

2. 制度环境对技术创新的影响

在生产关系的变革与发展中，制度环境对技术创新的影响是深远且全面的。制度环境的塑造涉及政府政策、市场机制、法律法规等多个层面，对技术创新的影响不仅体现在政策导向上，更体现在对企业行为和决策的引导上。

政府政策在推动技术创新中发挥着引导和支持的作用。政府通过提供资金等方式，鼓励企业加大对技术创新的投入，推动科技水平的提升。政府还通过设立科研项目为企业打造创新平台，提供创新基金促进企业开展技术研发。

市场机制在技术创新中具有直接的推动作用。自由竞争的市场环境激发企业通过技术创新提高产品和服务的竞争力。市场需求的变化是企业进行技术创新的动力，使企业更加关注市场趋势，调整技术方向以适应市场变化。

"产、学、研"合作也是制度环境推动技术创新的一项关键举措。例如，政府支持建立研发基地、科研机构等，企业与研究机构、高校等开展更加深入的合作，促进科研成果的转化和产业化。

知识产权制度在保护创新成果方面发挥着关键作用。健全的知识产权制度能够保护企业的创新成果，鼓励企业进行更大规模的技术创新。法律和政策能够确保知识产权的合法权益，制度环境为企业创新提供了法律保障。

人才培养机制是制度环境支持技术创新的重要组成部分。通过颁布教育政策、引进科研人才等手段，企业培养和引进高水平的科技人才，打造创新团队，推动技术水平提升。

3. 社会文化对生产关系的影响

社会文化对新质生产力的塑造体现在价值观念的演变上。当强调创新、可持续发展和社会责任等价值观念时，企业在生产关系中将更注重引入先进技术、提升产品质量，同时关注环保和承担社会责任。这种价值观念的演变将推动生产关系向更灵活、可持续的方向发展。

生产关系的变革不仅体现在技术和组织结构上，也涉及劳动关系的变化。社会文化对劳动的态度和期望直接影响着生产关系中劳动者的参与度、培训机会等。鼓励员工创新、尊重个体价值的社会文化将更强调员工参与决策、提升技能水平，从而促进新质生产力的发展。

社会文化中的创新文化直接影响企业的技术创新。鼓励创新的社会文化将激发企业对新技术、新方法的投入，从而推动生产关系中的技术创新。这种创新文化的培育与生产关系的创新密不可分，共同推动企业适应市场变化和提高竞争力。

当社会文化强调可持续发展和环保理念时，生产关系将更加注重资源的有效利用。企业在生产关系中将更关心生产过程对环境的影响，采用节能、清洁的生产技术，以适应可持续发展要求。

4.2.2　新质生产力与生产关系的互动

我们认为，新质生产力通过创新、技术应用和管理模式升级，提高产品和服务的质量和效率，以满足市场需求的能力。生产关系包括企业内部的组织结构、管理层级，以及企业与供应商、用户之间的协作关系。生产关系的本质在于协同合作，确保生产过程的协调运作，以达到高效生产的目标。生产关系的演进与时代发展息息相关，从传统的垂直整合到开放式创新，再到网络化的供应链管理，生产关系不断变革以适应市场和技术的变化。新质生产力与生产关系相互影响、相互促进，共同推动企业的可持续发展。

新质生产力的核心是创新，而生产关系必须适应创新的需求。传统的生产关系模式往往较为僵化，垂直整合的组织结构难以适应创新快速迭代的要求。因此，新质生产力的崛起打破了传统的创新模式，倡导开放式创新，引入更多的外部资源，通过与供应商、合作伙伴协同创新，推动生产关系向更加开放和灵活的方向演进。技术创新对生产关系的影响如图4-3所示。

新质生产力强调数字技术和智能化的应用，而这要求企业的生产关系进行相应的升级。数字化包括生产过程的数字化监控、信息共享，智能化涉及智能制造、自动化流程。企业通过数字化和智能化，可以更加精准地掌握生产状况，实现生产过程的优化和智能决策，从而提高产品质量和生产效率。

时间	演变	生产关系	技术创新
20世纪50~70年代	传统生产模式	传统工业时代，以大规模生产和标准化为主导	基础机械化和电气化，生产线自动化的初步引入
20世纪80~90年代	先进制造技术	强调精细化管理，质量控制成为关键	计算机控制的生产系统，计算机数控机床的广泛应用
21世纪	数字化转型	全球化供应链，柔性生产模式的崛起	大数据、云计算、物联网等的兴起
未来	智能制造	全面数字化，智能工厂的普及	人工智能、自动化、增强现实等技术的广泛应用

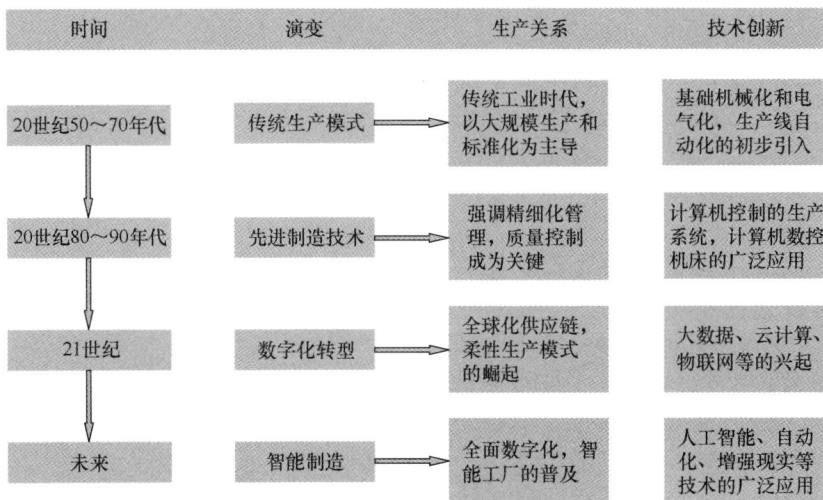

图4-3 技术创新对生产关系的影响

新质生产力强调供应链的协同优化，而这正是生产关系所需要关注的。在传统的生产关系中，信息和资源流动受供应链影响。随着供应链协同发展，企业通过共享信息、调整生产计划，可以更好地适应市场需求，提高生产效率。

新质生产力强调灵活性和创新性，而传统的生产关系模式往往较为刻板。新质生产力的实现需要企业建立更加灵活的生产网络，而这种灵活性要求生产关系的创新。通过建立多元化的供应商网络、引入灵活的用工制度、推动组织结构的扁平化，企业能够快速地调整生产规模、引入新技术，从而更好地适应市场的变化。

新质生产力需要高素质的劳动者的深度参与。新质生产力对劳动者的知识和技能提出了更高的要求，特别是需要能够创造新质生产力的战略人才和熟练掌握新质生产资料的应用型人才。顶尖科技人才、科技领军人才和青年科技人才引领科技前沿，推动颠覆性科学和技术创新。而卓越工程师和大国工匠等应用型人才，则通过掌握新型生产工具，在实际操作中发挥关键作用。这些高素质劳动者的协同努力，推动了新质生产力的发展和进步。

新质生产力注重员工的参与和创新，而传统的生产关系往往较为垂直，员工的参与度相对较低。企业应鼓励员工参与决策过程，激发其创新力和团队协作。通过建立沟通顺畅的组织结构、推行开放式管理，企业可以更好地调动员工的积极性。

新质生产力强调可持续发展，而生产关系的绿色化成为企业实现可持续发展的关键。企业采用清洁能源、减少资源浪费、增强环保理念，与供应商共同推动绿色供应链的建设，共同实现可持续发展的目标。

企业应不断调整生产关系，适应新质生产力的发展需求，实现质量和效率的双重提升，推动整个产业创新和可持续发展。新质生产力与生产关系的互动如图4-4所示。

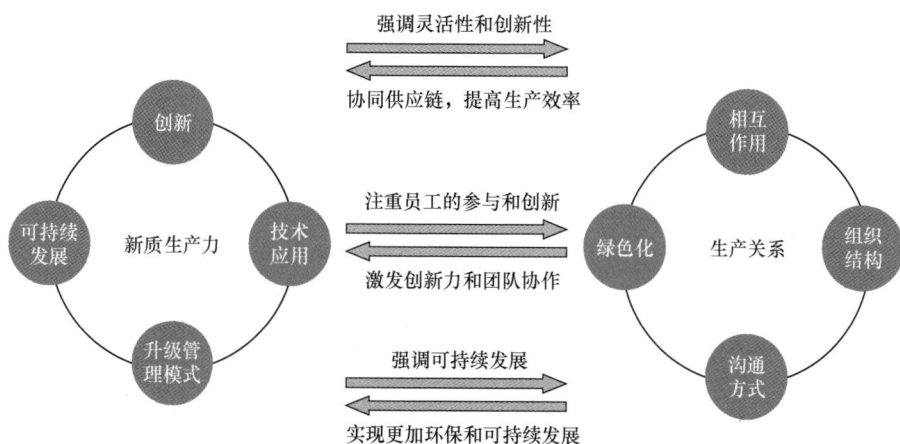

图 4-4　新质生产力与生产关系的互动

通过深入剖析传统生产关系的挑战、制度环境对技术创新的影响及社会文化对生产关系的塑造，读者能够更全面地理解生产关系的变革与发展。这一综合视角有助于洞察数字时代新质生产力的特点，以及如何在新的制度环境下塑造灵活、创新的生产关系。

4.2.3　数字化转型案例研究

数字化转型是推动社会进步和经济发展的重要驱动力，它不仅改变了传统行业的运作方式，还为经济增长和创新提供了新的动力。下面将深入探讨3个与数字化转型相关的案例，并对其进行详细阐述。数字化转型的优点如图4-5所示。

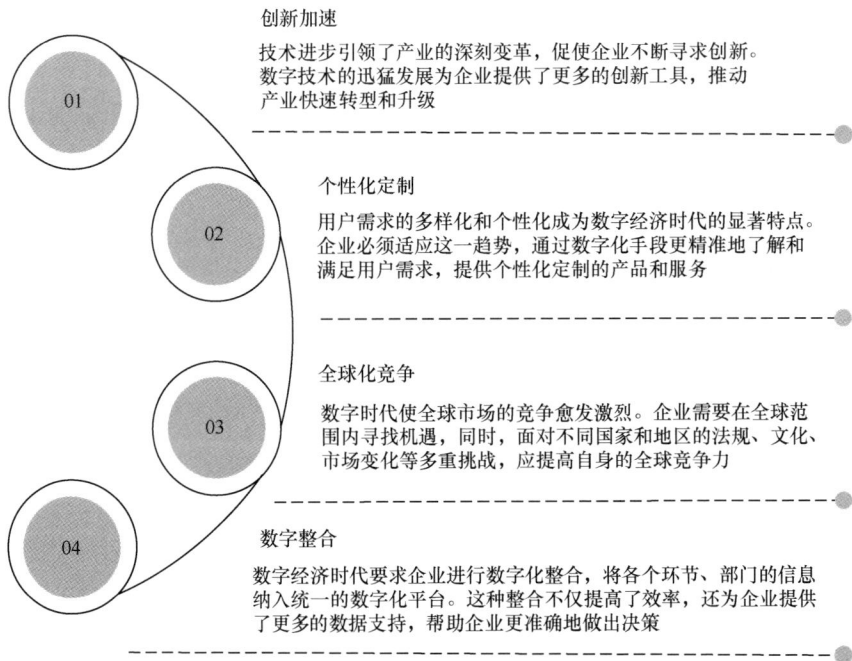

创新加速
技术进步引领了产业的深刻变革，促使企业不断寻求创新。数字技术的迅猛发展为企业提供了更多的创新工具，推动产业快速转型和升级

个性化定制
用户需求的多样化和个性化成为数字经济时代的显著特点。企业必须适应这一趋势，通过数字化手段更精准地了解和满足用户需求，提供个性化定制的产品和服务

全球化竞争
数字时代使全球市场的竞争愈发激烈。企业需要在全球范围内寻找机遇，同时，面对不同国家和地区的法规、文化、市场变化等多重挑战，应提高自身的全球竞争力

数字整合
数字经济时代要求企业进行数字化整合，将各个环节、部门的信息纳入统一的数字化平台。这种整合不仅提高了效率，还为企业提供了更多的数据支持，帮助企业更准确地做出决策

图4-5　数字化转型的优点

1. 汽车制造业的数字化转型

通过引入先进的数字技术，包括物联网、大数据和自动化生产线，汽车制造商实现了生产过程的数字化和智能化。在供应链优化方面，制造商与供应商之间建立了紧密的数字合作关系，实现了供应链的实时监控和协同。零部件的生产和供应更具适应性，能够迅速调整以适应市场需求在定制化生产方面。

数字技术的应用使汽车制造商能够实现个性化和定制化生产，从而更好地满足用户需求。这改变了传统的批量生产模式，对生产关系中与用户互动的方式提出了新的要求。

2. 零售业的数字化转型

零售业在数字化转型方面取得了显著成果。通过电子商务平台、智能POS系统和物联网技术，零售商不仅提高了销售效率，更改变了与供应商及用户之间的生产关系。在智能供应链管理方面，零售商通过数字技术优化了库存管理和供应链流程，实现了更高效的库存周转和及时的商品补充。在个性化营销和用户互动方面，利用大数据分析，零售商能够更精准地了解用户需求，实施个性化的营销策略。这改变了零售商与用户之间的互动模式，提升了用户的忠实度。

数字化转型不仅提高了企业的生产力，还优化了生产关系，为企业带来了更大的竞争优势。

4.3 经济发展中质量与速度的关系

质量与速度是相对论力学中的概念，即物体的质量随其速度增加而增加。而经济学中质量与速度的关系涉及经济发展中的结构、效益与规模、速度的关系。推动高质量发展，无论在理论上还是在实践中，都不能把质量和速度对立起来，而是在保证一定速度的基础上提升发展的质量，以促进经济的持续健康发展。

新质生产力重新定义了发展质量与速度的关系，使它们呈现出一种共生的状态。发展质量与速度的相关指标见表4-2。

表 4-2　发展质量与速度的相关指标

指标	发展质量	速度
定义	产品和服务满足用户需求的程度及优越性	产品和服务的完成或交付所需的时间
关联特征	完整性、准确性和可靠性	快速响应，迅速交付，提高敏捷性
目标	提供高质量产品和服务以满足用户期望	快速完成或交付以满足市场需求
影响因素	设计和生产过程的严谨性，材料和技术的选择与应用，质量控制和测试的严密性	流程优化，项目管理效率，响应时间
优势	提高用户的满意度，建立品牌信任	更快速地进入市场，更灵活地适应市场变化
挑战	较长的生产周期，成本较高	可能存在质量抽样或牺牲产品，可能导致流程疏漏或出现质量问题

指标	发展质量	速度
适用场景	创新型产品和高端服务，需要长期稳定的市场地位	敏捷开发、快速迭代的项目；竞争激烈，要求快速响应市场

新质生产力引入了先进的技术和智能化系统，显著提升生产速度。通过自动化和数字化的流程，企业能够更快地完成生产环节，使产品缩短上市的时间。这种速度的提升对于企业适应市场需求的变化和快速推出新产品是至关重要的。

与此同时，新技术的引入，例如人工智能、大数据和智能制造，使生产过程更精密、可控。数字监控和实时数据分析使企业能够及时发现潜在问题，在生产过程中及时纠正，从而提高产品质量。

此外，质量的提升也可以促进生产效率的提高。通过减少产品缺陷，企业能够减少浪费，提高生产线的整体效率。高质量的产品还有助于提升企业的声誉和品牌价值，进而在市场竞争中占据优势地位。

发展质量与速度是相辅相成的关系。通过技术的力量，企业可以在高速发展的同时保持卓越的产品质量，更好地适应快速变化的市场环境。这种发展质量与速度的协同将是企业成功应对未来挑战的关键要素。

4.3.1　发展质量与速度的平衡

找到发展质量与速度平衡点在新质生产力发展过程中十分重要。高速发展不应以牺牲产品质量为代价，而是应通过技术创新和智能化管理，实现发展质量与速度的双赢。

传统观念中，发展质量与速度往往被视为矛盾的两极，企业在提高产品和服务质量的同时可能牺牲了交付速度，反之亦然。然而，在当今竞争激烈的商业环境中，追求发展质量与速度之间的平衡逐渐成为企业成功的关键因素。

1. 发展质量对生产效率的影响

新质生产力强调通过技术创新和智能化系统来提升生产过程的效率，而发展质量的提升是实现这一目标不可或缺的组成部分。高质量的产品不仅满足了市场对产品性能和可靠性的要求，还有助于降低后续的维修和服务成本，提高整体的生产效率。

发展质量提升的基础是生产流程的优化。在新质生产力的理念下，生产过程更加数字化、智能化，质量控制不再是传统意义上的检查环节，而是贯穿整个生产链的全过程。通过实时监测和反馈，企业能够及时调整生产参数，确保产品达到高标准的质量要求。这种实时的质量管理有助于提高生产效率，降低产品的不良率，实现生产过程的精益化。

高质量的产品对企业声誉和市场竞争力的提升是至关重要的。当下，市场竞争更加激烈，消费者更加注重产品的品质和使用体验。通过提供高质量的产品，企业不仅能够吸引更多的用户，还能够维护和扩大市场份额。这种市场竞争的优势进一步促使企业在生产中追求更高效的方式，以保持领先地位。

2. 速度对市场竞争力的重要性

在数字时代，企业要想在市场中占据一席之地，必须具备快速反应和执行的速度和能力。速度与市场竞争力的关系如图4-6所示。

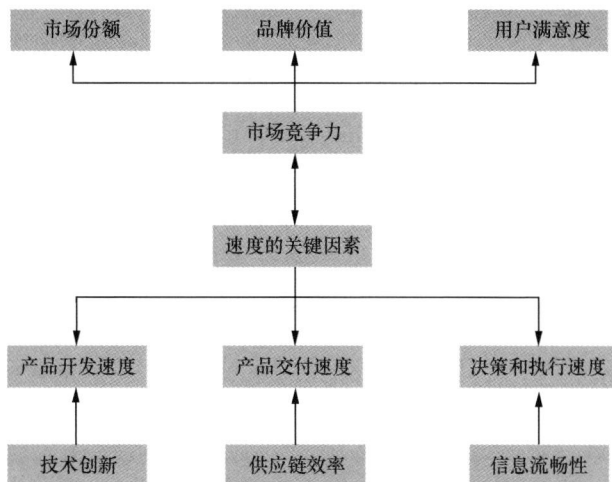

图 4-6　速度与市场竞争力的关系

　　企业通过技术创新和高效运作来提升生产速度，其对市场竞争力的影响体现在多个方面，具体如下。

　　首先，快速响应市场需求是企业的一项关键能力。通过数字化和智能化的生产系统，企业能够更迅速地调整生产计划，实现生产线的灵活性和敏捷性。这使企业能够更好地适应市场的变化，满足用户对产品迅速更新和个性化的需求，从而提高市场竞争力。

　　其次，加快产品上市时间是提高市场竞争力的关键策略。企业倡导快速的产品开发和密集的推出周期。通过采用先进的数字化设计和模拟技术，企业可以快速地将新产品推向市场。这不仅缩短了产品的上市时间，也使企业能够更早地占据市场份额，建立品牌优势。

　　最后，高速生产有助于提高供应链的效率。企业打造数字化供应链管理，这使企业能够迅速地将产品送至用户的手中，提高供应链的响应速度。通过实时监控库存、生产进度和物流情况，企业能够更好地协调各个环节，减少物流时间，节省成本。

通过不断推动技术创新和产品升级，企业能够在市场上保持竞争的先发优势。速度不仅体现在生产过程中，更表现为企业在不断创新和变革中的敏捷性和灵活性。

速度对于提升市场竞争力具有至关重要的作用。快速响应市场需求、缩短产品上市时间、提高供应链效率及持续创新等方面的速度优势将使企业更具竞争力，以更好地适应快速变化的市场环境。

4.3.2 技术创新与质量提升

随着科技的不断发展，技术创新对产品质量的提升起到了至关重要的作用。同时，质量的提升促进了技术的不断变革，以满足生产过程所需的动力。先进技术的广泛应用对产品质量产生了深远的影响。技术的不断升级不仅为生产过程注入新动力，更为企业提供了创新管理的工具。技术创新与产品质量提升的关系如图4-7所示。

1. 先进技术对产品质量的提升

技术创新是产品质量提升的关键推动力之一。先进技术的引入直接影响了产品的设计、生产和监控的过程，从而使产品的质量达到更高标准。

先进的数字化设计和仿真技术为产品设计阶段提供了更准确和全面的工具。通过计算机辅助设计（Computer-Aided Design，CAD）和计算机辅助工程（Computer-Aided Engineering，CAE），产品设计可以在虚拟环境中进行多层次的测试和优化，进而确保产品在实际制造中能够达到最佳的性能和质量。这种仿真技术不仅提高了设计的精确度，还缩短了产品开发的周期，有助于快速推出高质量的产品。

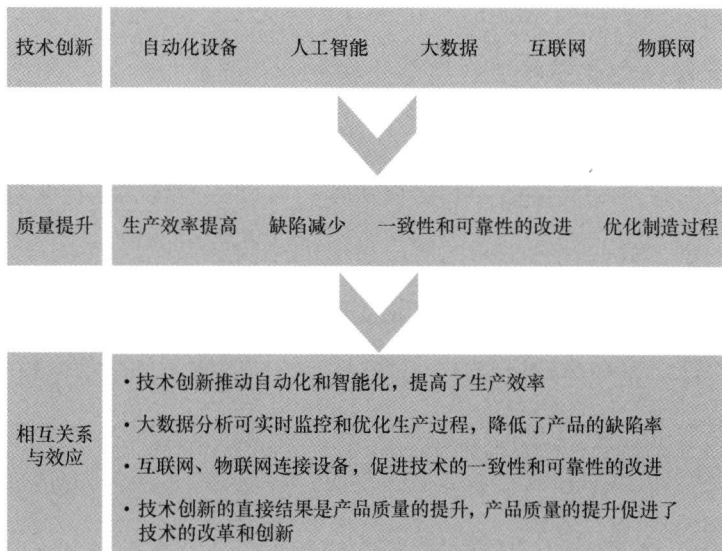

| 技术创新 | 自动化设备 | 人工智能 | 大数据 | 互联网 | 物联网 |

| 质量提升 | 生产效率提高 | 缺陷减少 | 一致性和可靠性的改进 | 优化制造过程 |

| 相互关系与效应 | · 技术创新推动自动化和智能化，提高了生产效率
· 大数据分析可实时监控和优化生产过程，降低了产品的缺陷率
· 互联网、物联网连接设备，促进技术的一致性和可靠性的改进
· 技术创新的直接结果是产品质量的提升，产品质量的提升促进了技术的改革和创新 |

图 4-7　技术创新与产品质量提升的关系

先进的制造技术，例如智能制造、3D打印和自动化生产线，对产品制造过程进行了革命性的改进。智能制造系统可以实时监测生产过程中的各个环节，通过数据分析提早发现潜在的问题，可以减少生产中的缺陷和次品率。3D打印技术能够实现更精细和个性化的制造，提高了产品的整体质量水平。自动化生产线则减少了人为因素对制造过程的影响，提高了生产的一致性和可靠性。

传感器技术和物联网的应用使产品在生产和使用的过程中能够实现实时监测和反馈。在产品中嵌入传感器，企业可以追踪产品的性能和状态，及时发现潜在的问题并采取措施，从而提高产品的可靠性和持久性。

2. 创新管理对质量控制的影响

创新管理是质量控制的关键驱动因素之一。通过引入创新的管理理念和方法，企业能够更好地监控和提升产品质量，推动整个生产过程向更高水平迈进。

创新管理强调全员参与和沟通协作，打破了传统的垂直管理模式。在质量控制方面，这种横向的协作可以加速信息流通，使生产过程中的问题得以及时发现和解决。通过建立跨部门的沟通渠道，企业能够更好地协调设计、生产和质检等环节，形成一个更加紧密的质量控制网络。

创新管理注重数据的收集和分析，为质量控制提供了更全面和精准的依据。通过大数据、人工智能和机器学习等技术，企业可以对生产过程中的数据进行深度挖掘，识别潜在问题并预测未来可能发生的质量风险，这种数据驱动的质量控制使企业能够更加精细地管理生产过程。

创新管理鼓励员工参与创新和改进的过程，培养了组织内部的创新文化。在质量控制方面，这种创新文化使员工对质量问题更加敏感，并能够提出改进建议。员工在参与质量控制的过程中，能够更好地发挥各自的专业优势，不断提升质量管理。

创新管理强调持续改进和学习。在质量控制过程中，企业需要不断审视和优化质量管理体系，引入新的工具和方法，以适应市场和技术的变化。

创新管理对质量控制产生了深远的影响。通过协作、数据驱动、创新文化和持续改进等方面的实践，创新管理推动了企业质量管理的不断升级，为新质生产力的实现打下了坚实的基础。

4.3.3　敏捷生产与市场需求

在竞争激烈的市场中，敏捷生产成为企业在满足日益多样化和快速变化的市场需求中取得竞争优势的关键策略之一。敏捷生产不仅关注产品的快速交付，更注重质量的不断提升。敏捷生产与市场需求的关系如图4-8所示。

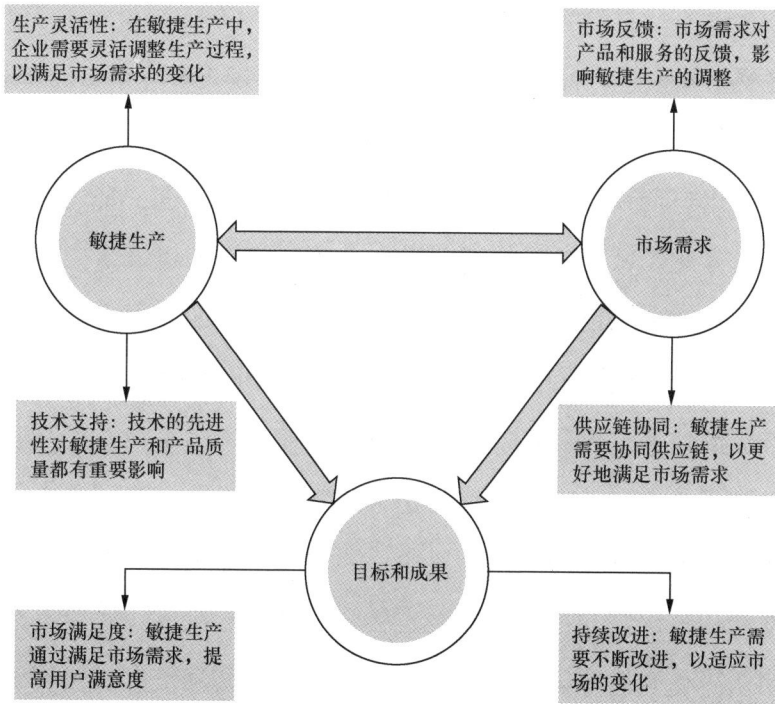

图 4-8　敏捷生产与市场需求的关系

1. 敏捷生产模式的定义与特征

敏捷生产模式是一种以灵活性、快速响应和持续改进为核心原则的生产方式。它强调的不仅是高效的生产流程，还包括组织结构、团队协作和用户互动等方面的灵活性，以更好地适应不断变化的市场环境。

敏捷生产模式的主要特征之一是能够快速、灵活地响应市场需求。通过迅速调整生产计划，缩短生产周期，实现小批量生产，企业能够更好地适应市场的动态变化。敏捷生产模式强调小批量生产和定制化生产，以满足用户的个性化需求。通过布置灵活的生产线和管理供应链，企业实现了更灵活的生产，进而减少库存，避免浪费。敏捷生产模式鼓励持续创新和产品迭代，企业不仅要关注当前的市场需求，还要不断改进产品设计和生产工艺，以提供更具竞争力的产品。

敏捷生产模式强调与用户的密切互动。通过引入用户参与的机制，例如用户反馈回路等，使企业准确了解用户需求，实现产品和服务的持续优化。敏捷生产模式要求企业具备弹性的组织结构，能够快速调整团队和资源以适应不断变化的市场。采用敏捷方法论的团队通常是自主、跨职能的，能够迅速适应新的任务和挑战。敏捷生产模式追求产品的快速上市和生产周期的时间压缩。通过采用迭代开发、敏捷开发流程等方法，企业能够迅速地将新产品推向市场，抢占先机。敏捷生产模式依赖数据驱动的决策。通过实时监测生产过程、分析市场数据和用户反馈，企业能够制定科学、准确的决策。敏捷生产模式强调团队协作和透明沟通。通过频繁的沟通、共享信息和团队协作，企业能够更好地协调工作、解决问题，提高企业的生产效率。

2. 市场需求对生产速度的要求

市场需求对生产速度提出了日益严格和多样化的要求，推动着企业在全球竞争中不断调整和优化生产策略。小批量生产和灵活性的要求强调企业需要具备面向多元化市场的生产能力，能够灵活地满足个性化需求，这不仅保证了产品质量，还降低了库存压力。

季节性需求的波动要求企业在需求高峰期能够大幅提升生产速度，而在需求低谷期能灵活调整产能，以保持生产线的稳定和效益的最大化。及时交付和准时上市是满足用户需求的必备条件，企业需要通过高效的生产流程和协同的供应链管理来确保产品能够按时交付。

市场对个性化产品的需求不断增长，企业需要灵活调整生产线与协调供应链，确保原材料的及时交付和产品的高效生产，以适应市场对个性化产品的需求。

与此同时，市场对新技术和创新的渴求要求企业能够快速应用新技术。数字化生产和智能制造的要求将企业推向数字化转型的前沿，企业通过采用智能制造技术，提高了生产过程的智能化水平，进一步提升了生产速度和灵活性。

在市场需求的引领下，企业转变传统的生产观念，适应更具挑战的动态市场环境。企业只有不断创新、优化管理和数字化转型，才能更好地应对市场需求对生产速度提出的多层次、多维度的要求，实现高效、灵活和可持续的生产运营。

4.4　新质生产力与数字经济发展

数字经济的发展为新质生产力的实现提供了重要的支撑和推动力。数字技术的广泛应用，使生产可以更好地实现信息化、智能化和自动化，提高生产效率和质量，同时也可以通过数据分析和预测，更好地指导生产和市场布局。

数字经济的发展需要新质生产力的支持和参与。数字经济的核心在于数据的流通和利用，而新质生产力可以实现数据的采集、处理和共享，为数字经济的发展提供更加全面和准确的数据支持。例如，数字化转型需要技术支持、人才培训等服务的支持，而新质生产力可以通过提供这些服务，促进数字经济的发展。在这个背景下，企业在全球范围内迎来了数字化转型与新质生产力的双重机遇，为未来经济发展描绘了新的蓝图。新质生产力与数字经济的联系见表4-3。

表4-3　新质生产力与数字经济的联系

方面	新质生产力	数字经济
技术创新	利用先进技术提高生产效率，引入智能化生产流程	推动数字技术的广泛应用，基于大数据、人工智能等技术
产业结构	促使产业向高附加值方向升级，促进新兴产业的发展	推动传统产业数字化转型，支持新兴产业的崛起
就业结构	创造新型就业岗位，刺激对数字化素养的需求	数字技术驱动就业结构变革，数字化人才的需求推动教育体系升级
数据共享	大量数据应用于生产，促进数字经济的智能化	通过互联网实现数据共享，数据驱动优化决策
网络安全	对网络安全提出新要求，加强数字经济的安全保障	推动网络安全技术创新，普及数字安全宣传
可持续发展	强调环保和资源合理利用，推动数字经济绿色转型	推动可持续发展，发展绿色技术
国际竞争力	提高企业在全球市场的竞争力，拓展国际合作与市场份额	提升全球影响力

续表

方面	新质生产力	数字经济
用户数据的合理应用	利用用户数据提高产品服务，保障用户隐私和数据安全	通过用户数据实现个性化服务，制定合理的数据使用政策
创新模式	打破传统商业模式，提高生产、销售和服务效率	推动数字化营销与用户互动，倡导创新商业模式

4.4.1　数字经济对新质生产力的推动作用

随着信息技术的迅猛发展和互联网的广泛普及，数字经济作为一种新兴的经济形态，正在全球范围内蓬勃兴起。**数字经济以数据为关键要素，以现代信息网络为主要载体，通过数字技术与实体经济的深度融合，不断催生新业态、新模式，是推动经济高质量发展的重要引擎**。在这个过程中，数字经济对新质生产力的推动作用日益凸显，为产业升级、创新发展和经济增长注入了新的活力。

1. 数字技术的广泛应用

大数据、人工智能、物联网和区块链等数字技术的广泛应用使生产过程更加智能化、自动化。在制造业中，数字化生产线的建设提高了生产效率，降低了生产成本。在服务业中，智能化的用户服务系统和推荐算法提升了服务质量。数字技术的广泛应用能够更加高效、精准地发展新质生产力。

2. 创新模式的崛起

数字经济为企业提供了全新的商业模式和创新路径，也催生了共享经济、平台经济等新模式，改变了传统产业的运作模式。这种创新模式的崛起推动了新质生产力的发展，使产品和服务更贴近用户的需求。

3. 大数据驱动的决策优化

在数字时代，通过收集、分析海量的数据，企业能够更好地理解市场、了解用户，从而优化决策。生产计划、库存管理等方面的决策可以基于实时数据进行调整，这提高了生产效率，减少了资源浪费。

4. 人工智能的应用

人工智能对新质生产力的推动作用不可忽视。在生产制造领域，通过不断学习和优化，能够提高生产线的自适应性和智能化水平。在服务领域，智能客服、语音识别等人工智能技术提高了用户体验，提升了服务质量。

5. 数字化营销和消费升级

在数字时代，营销方式发生了根本性变革。通过社交媒体、电商平台等数字化渠道，企业可以直接与用户互动，了解用户需求和反馈。数字化营销不仅提升了市场反应的速度，也为企业提供了更多的营销渠道。同时，抓取用户行为的方式也变得更加智能。

6. 智能制造的兴起

数字经济为智能制造的兴起提供了有力支持。通过物联网技术，设备之间实现了信息共享和协同工作，生产过程更加灵活高效。工业互联网的发展使企业可以实现数字化、网络化的管理，提高了生产线的智能化水平。

7. 数字化人才的培养和需求

数字经济的发展对人才的培养提出了新的挑战。企业需要拥有数字化思维和技能的人才，从而更好地适应数字化生产和经营的需求。数字化人才的培养成为发展新质生产力中不可或缺的一环。同时，数字化人才的需求也推动了教育体系的升级，使教育体系更好地适应数字时代的需求。

8. 可持续发展的推动

数字经济为可持续发展提供了新的路径。数字技术的高效信息传递和资源整合能力，使资源利用的效率极大提升，减少了浪费，实现了绿色发展。同时，产业创新升级，绿色产业发展，使经济结构更合理、更环保。在能源领域，优化能源管理，降低能耗与碳排放。此外，其衍生出的远程办公、在线教育等模式大幅降低了交通出行带来的环境压力。数字经济全面助力经济、社会与环境的可持续发展。

4.4.2 新质生产力对数字经济的回馈

新质生产力与数字经济之间存在着密切的相互关系，二者之间的互动不仅体现在数字经济对于新质生产力的推动，也表现在新质生产力对数字经济的回馈。本节将从多个方面（包括技术创新、产业升级、就业结构变化和数据安全等）探讨新质生产力对数字经济的回馈。新质生产力对数字经济的回馈关系如图4-9所示。

新质生产力对数字经济的回馈关系	新质生产力	数字经济	新质生产力对数字经济的回馈
	• 技术创新	• 互联网、大数据等	• 提高效率
	• 效率提升	• 数字化转型	• 促进创新
	• 创新加速	• 智能制造	
	回馈循环效果	数字经济推动新质生产力	新质生产力加速
	• 提高生产效率	• 建设数字基础设施	• 数字经济的发展
	• 刺激技术创新	• 促进数据驱动的决策	• 形成良性循环

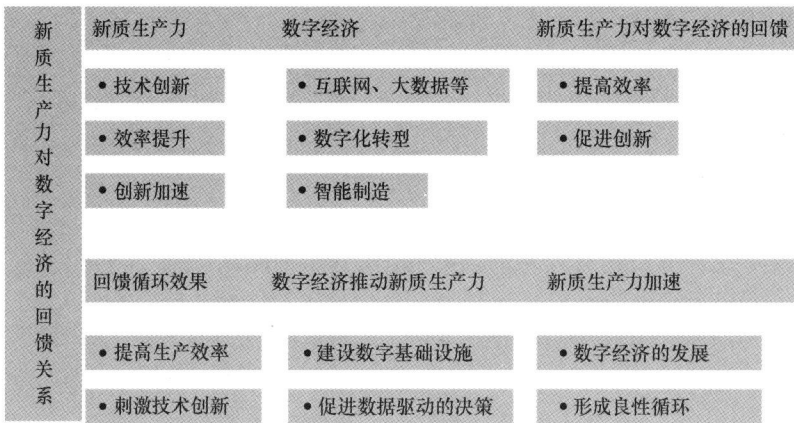

图 4-9　新质生产力对数字经济的回馈关系

1. 技术创新的相互促进

数字经济的发展推动了新质生产力的技术创新，而新质生产力的需求和挑战反过来促进数字技术不断升级。在数字时代，新质生产力需要更加智能、灵活和可持续的生产方式，催生了一系列的数字技术应用。数字技术的发展为新质生产力提供了强大的支撑，使生产过程更加高效、精准。同时，新质生产力对数字技术的需求也促使数字经济领域的技术创新。

2. 产业结构的优化与升级

新质生产力对数字经济的回馈体现在产业结构的优化与升级。传统产业在数字经济的推动下，引入数字技术、优化生产流程，实现产业结构升级。与此同时，新质生产力也将催生一批新兴产业，例如智能制造、绿色能源和生物技术等。这些新兴产业以其创新性、高附加值等特点，推动了数字经济的发展。数字经济和新质生产力相互促进，形成良性循环，共同推动产业结构优化与升级。

3．就业结构的变革

新质生产力对数字经济的回馈体现在就业结构的变革。随着数字技术的广泛应用，新质生产力能够创造大量新型就业岗位，特别是需要具备数字素养和创新能力的人才。新质生产力的发展将推动就业结构向更高端、更智能的方向演变，并进一步调整教育体系，培养更符合数字时代需求的人才。

4．数据共享和互通

新质生产力对数字经济的回馈体现在数据的共享和互通。在新质生产力发展的过程中，各个环节产生的大量数据成为推动生产效率和质量提升的关键要素。通过互联网和云计算等技术，数据通过数字经济平台得以汇聚、整合和共享，进而为更深层次的数据分析和挖掘提供基础。

5．网络安全与数字经济的协同发展

新质生产力对数字经济的回馈还体现在网络安全与数字经济的协同发展。由于存在大量敏感信息和关键数据，网络安全问题变得尤为重要。数字经济的发展需要建立稳固的网络安全体系，需要提高网络安全的标准和要求。

6．强化可持续发展理念

新质生产力对数字经济的回馈还体现在强化可持续发展理念。随

着社会对环保和可持续发展的关注度不断加强，新质生产力在生产过程中更注重资源的合理利用和环境保护。这一理念促进了绿色技术的发展，节能降耗，保护环境。

7. 提升国际竞争力

新质生产力对数字经济的回馈还体现在提升国际竞争力。新质生产力鼓励企业加大研发投入，推动技术创新和产品创新，为经济发展注入新动力，使企业更容易融入全球产业链，能够更好地适应国际市场的需求，游刃有余地应对国际市场需求的变化，以更强的适应性在国际经济格局中立足并稳健发展。

4.4.3 新质生产力与数字经济的融合

我们认为，新质生产力与数字经济的融合是当前经济发展的一大趋势，这种融合不仅深刻影响着企业的运营方式，也塑造了产业的未来格局。

新质生产力与数字经济相互关联，密不可分。新质生产力通过应用先进的数字技术和信息网络，对传统的生产方式进行升级，从而降低生产成本、提高生产效率、提升产品质量。而数字经济通过广泛应用数字技术和信息网络，推动经济的发展和创新，为企业提供更广阔的市场。

新质生产力和数字经济的结合，可以促进产业升级、创新发展和经济增长。例如，智能制造、大数据等数字技术的应用，可以使企业更好地掌握市场需求和发展趋势，更加精准地进行生产和供应链管理，提高生产效率和质量，加速产品的创新和升级。同时，新质生产力也可以为数字经济提供更广阔的应用场景和更多的数据资源，推动数字经济的发展和创新。

数字技术在新质生产力中发挥着越来越重要的作用。其中，智能制造和大数据是数字技术在新质生产力中的典型应用。智能制造通过引入智能机械等技术手段，实现生产线自动化和精益生产。智能制造的应用可以极大地提高生产效率和质量，降低生产成本和资源消耗，促进企业的可持续发展。例如，某汽车制造商引入智能制造，实现了高效率、高质量的生产，获得了巨大的经济效益。通过对大量数据进行挖掘和分析，提取有价值的信息，可以帮助企业更好地掌握市场需求和趋势，精准地进行生产和供应链管理。

新质生产力与数字经济的融合形成了一个协同增效的生态系统。新质生产力与数字经济融合的优点如图4-10所示。

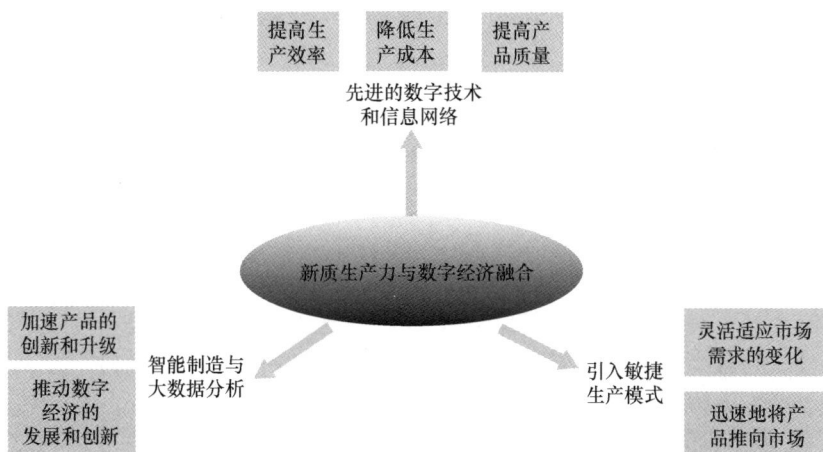

图 4-10　新质生产力与数字经济融合的优点

首先，数字经济的崛起为新质生产力提供了强大的技术支持。通过广泛应用数字技术，企业实现了生产流程的自动化和智能化，大幅提高了生产效率。实时监测和数据分析使企业能够更敏锐地捕捉到潜在问题，从而及时调整和优化生产，降低生产成本。这种融合也释放了创新力。数字经济的开放式创新模式激发了企业的创新活力，而新质生产力的不断发展推动了技术和管理模式的创新。**其次，敏捷生产模式的引入使企业更加灵活地适应市场需求的变化，数字化供应链管理加速了生产周期，使企业将产品更迅速地推向市场。**在全球化竞争中，数字化的全球价值链整合为企业提供了更多参与全球市场的机会，提升了企业的全球竞争力。**最后，在可持续发展方面，由于新质生产力注重环境保护和社会责任，所以数字经济的绿色技术将切实推动企业走可持续发展的道路。**这种可持续发展使企业不仅在经济增长中获得成功，也更好地履行了社会责任。

4.4.4 新质生产力案例研究

数字技术的飞速发展正在彻底改变企业的生产关系和运营模式。一些领先企业引入智能化生产和物流系统，充分利用大数据和人工智能技术，成功打造了数字时代下的企业形态，获得显著的竞争优势。数字经济的相关特点如图4-11所示。

1. 阿里巴巴智能物流系统

首先，阿里巴巴智能物流系统实现了物流信息的数字化。通过运用大数据和云计算等技术，该系统可以实现物流信息的实时查询和跟踪，使用户更加便捷地了解货物的动态信息。阿里巴巴智能物流系统不仅提高了物流信息的准确性，也提高了物流效率。

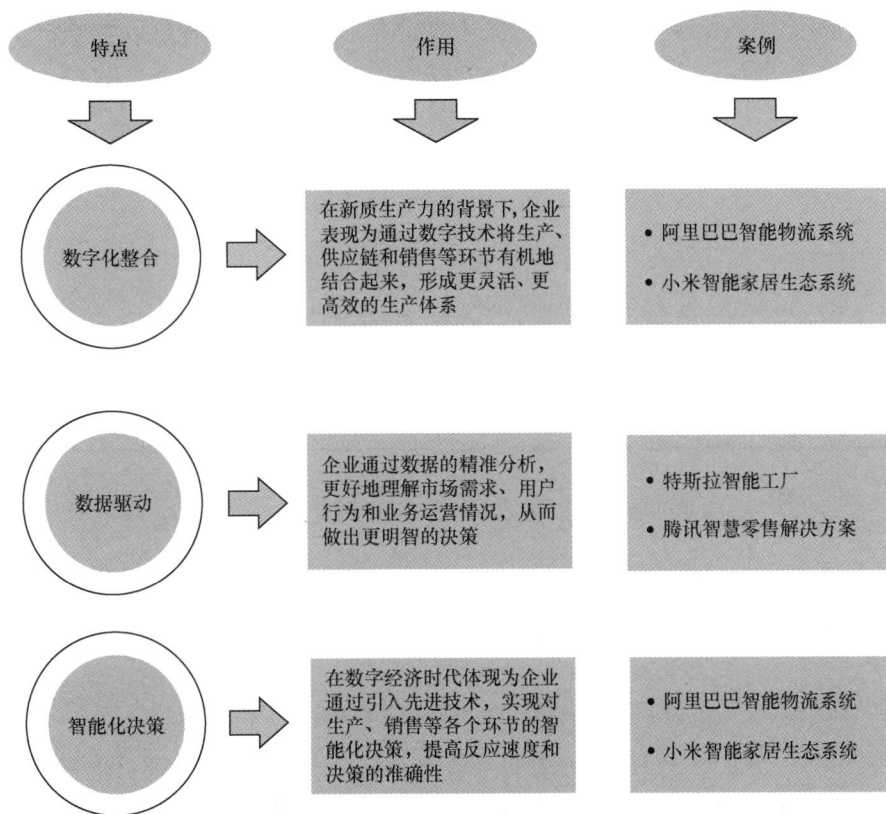

特点	作用	案例
数字化整合	在新质生产力的背景下，企业表现为通过数字技术将生产、供应链和销售等环节有机地结合起来，形成更灵活、更高效的生产体系	• 阿里巴巴智能物流系统 • 小米智能家居生态系统
数据驱动	企业通过数据的精准分析，更好地理解市场需求、用户行为和业务运营情况，从而做出更明智的决策	• 特斯拉智能工厂 • 腾讯智慧零售解决方案
智能化决策	在数字经济时代体现为企业通过引入先进技术，实现对生产、销售等各个环节的智能化决策，提高反应速度和决策的准确性	• 阿里巴巴智能物流系统 • 小米智能家居生态系统

图 4-11　数字经济的相关特点

其次，阿里巴巴智能物流系统具有可视化的特点。通过物联网和传感器技术的应用，该系统可以实时监控货物的位置和状态信息，使用户全面地了解物流过程，提高物流管理和控制能力。

再次，阿里巴巴智能物流系统还实现了物流决策的智能化。通过运用人工智能和机器学习等技术，该系统可以实现路径规划、库存优化和预测分析等智能功能。这些智能功能使物流决策更加科学和精准。

最后，阿里巴巴智能物流系统还促进了不同物流企业之间的协同和合作。该系统实现了不同物流企业之间的信息共享和资源整合，提高了整个物流行业的效率和竞争力。协同化系统的搭建使不同企业之间可以更好地实现资源共享和优势互补，满足用户的需求，提高市场竞争力。

2. 特斯拉智能工厂

特斯拉智能工厂是一个典型的智能化、数字化的超级工厂，它充分体现了新质生产力与数字经济的结合。

新质生产力强调的是高质量、高效率和高灵活性的生产方式，特斯拉智能工厂采用高度自动化的生产线，通过机器人和传感器实现自动化操作和数据采集，大幅提升了生产效率和产品质量。同时，该工厂采用数字技术，通过物联网、大数据和云计算等新一代信息技术实现生产过程的全面数字化，使生产过程可追溯性更强，体系更优化。

数字经济强调通过数字技术的创新和应用来推动经济发展。特斯拉智能工厂通过数字技术实现生产过程的全面数字化，使生产数据可以被实时采集和分析，从而实现生产过程的优化和改进。同时，该工厂还采用智能化的管理系统，包括物料系统、生产运营系统、企业资源计划（Enterprise Resource Planning，ERP）系统等，这些系统由特斯拉自行研发，每套系统均有针对性，可快速实现个性化配置，记录所需的数据，在保证质量的基础上，快速量产，降低了综合生产成本。

此外，特斯拉智能工厂还具有很高的灵活性，可以根据市场需求快速调整生产计划和产品配置，满足用户的不同需求。

3. 腾讯智慧零售解决方案

腾讯智慧零售解决方案旨在帮助零售商实现数字化转型和智能化升级，提升业务效率和用户体验。其通过运用大数据、人工智能和云计算等新一代信息技术，实现对零售商运营数据的实时采集和分析，帮助零售商更好地理解用户的需求和行为，从而优化商品策略、调整定价策略、提升库存周转率。

4. 小米智能家居生态系统

通过引入先进技术、创新设计，小米智能家居产品不仅具备出色的质量和性能，还能满足消费者对智能家居的多样化需求。小米利用其在硬件制造领域的优势，推出了智能音箱、智能门锁、智能摄像头和智能空调等智能家居产品，形成了完整的产品生态链。

小米运用物联网、云计算和大数据等新一代信息技术，将各种智能家居产品连接起来，实现了产品之间的互联互通和智能化控制。用户可以通过手机、平板计算机等终端设备，随时随地控制和管理家居产品，体验智能化的生活。

以上这些案例共同体现了新质生产力和数字经济的核心特点——数字化整合、数据驱动和智能化决策。这些企业通过引入先进技术，构建数字化平台，改变了传统的生产关系，提高了生产效率，提升了市场竞争力，为新质生产力和数字经济的发展树立了标杆。

4.5 小结

本章系统地介绍了新质生产力与生产关系，发展质量与速度的关系、新质生产力促进数字经济发展等方面的内容。新质生产力的发展受到多方面关键驱动因素影响，但是对数字经济的推动作用、融合作用、促进作用是不言而喻的。新质生产力作为一种全新的先进生产力，必将带动生产关系、生产要素的快速发展，也将成为数字经济发展的新动能。

通过本章，我们不仅清晰地描述了新质生产力的发展，而且提出了新质生产力"六新三质与七化"的概念。新质生产力的兴起不仅改变了企业的竞争格局，也在全球范围引发产业结构的重塑，新质生产力必将为可持续发展目标注入新的活力。

第 5 章

新质生产力推动数字经济发展欣欣向荣

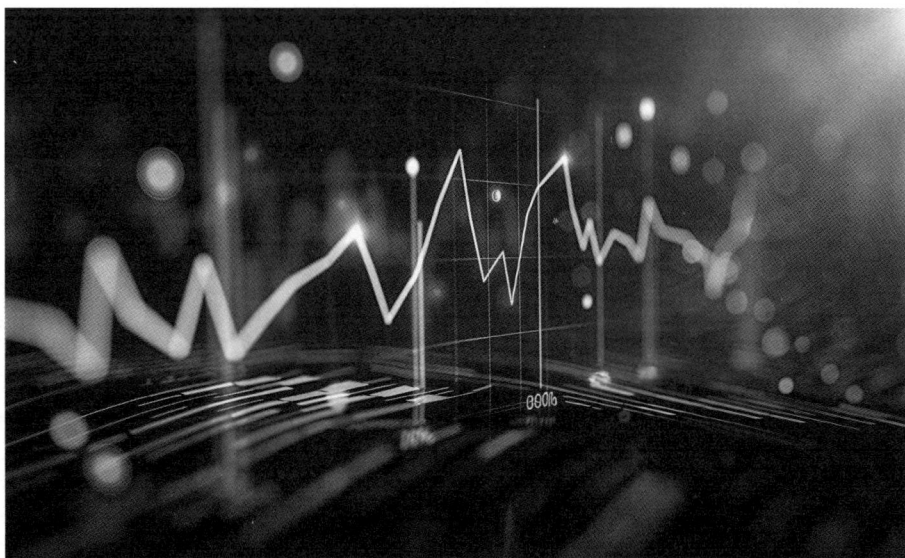

近年来，我国科学技术实力大幅提升，基础研究和原始创新取得新进展，战略高技术领域取得新跨越，高端产业取得新突破，国防科技创新取得重大成就，这些成就与生产力的发展及其是否先进有着密切关系。马克思恩格斯指出："一个民族的生产力发展的水平，最明显地表现于该民族分工的发展程度。任何新的生产力，只要它不是迄今已知的生产力单纯量的扩大（例如开垦土地），都会引起分工的进一步发展。"这表明，新的生产力是质的方面而不是简单的量的方面的发展，会带来表现为社会分工发展的生产力的发展，或者说分工（或生产力）水平发展主要是由生产力"质"的方面决定的。

前几章我们研究分析了数据要素、数字经济以及新质生产力发展等方面内容，那么新质生产力如何作为新动能推动数字经济发展？本章将通过网络化、平台化、智能化、智慧化的演进分析数字经济在新技术演进下取得的成效，还将对新质生产力推动数字经济、数实融合的案例进行分析。

5.1 新技术演进下的数字经济

新质生产力的核心要义是"以新促质"，即以创新驱动高质量发展。加快形成新质生产力，能够为中国经济高质量发展提供更多新竞争力和持久动力。贯彻新发展理念，构建新发展格局，实现高质量发展，从根本上说就是要不断解放和发展生产力，尤其是要发展新质生产力。实现高质量发展，就是要加快转变发展方式，优化经济结构，转换增长动力，努力推动经济发展质量变革、效率变革、动力变革，提高全要素生产率，进而不断推动数字经济发展。

从技术发展和生产力进步的视角来看，数字经济将存在"网络化—平台化—智能化—智慧化"的发展逻辑。

5.1.1　网络化：网络建设到万物互联

1. 建立基础通信网络、应用网络及物联网

在基础通信网络方面，完善光纤、微波、卫星等信息基础设施建设，重视全国范围内的宽带接入情况与网络强国战略部署，建立全覆盖、智能化的通信网络；在应用网络方面，优化网络设计，提高网络接入率，减少网络时延；在物联网方面，广泛布局各种信息传感器、红外感应器、激光扫描器等设备，制定相关标准，确保物品与网络的连接。

2. 依托互联网实现人与人、服务与服务、人与服务互联

借助互联网，让每个人、每种服务都连接起来，通过网络打通人与人、服务与服务、人与服务之间的信息交流渠道。推进个人网络化、企业网络化和政府网络化，缩小"数字鸿沟"。

3. 依托物联网实现人、物、服务之间的交叉互联

延伸与扩展互联网，并在此基础上发展物联网，连接物与物、人与物的信息交流渠道，提高人对物理世界的感知程度，实现人对物品和过程的智能化感知、识别和管理。利用信息物理系统实现对大型工程系统的实时感知、动态控制和信息服务，打造万物互联的社会。

5.1.2 平台化：平台建立到平台互联

1. 搭建政府、社会服务和产业平台，完善平台功能，合理安排平台的运营管理

搭建政府、社会服务（例如医疗卫生、教育、市政交通、养老保险和人口管理等）和产业平台，根据各平台的特点与受众群体完善平台功能，并且对该3类平台进行合理的分工，通过不同的部门或组织对特定平台进行专业化的运营管理。

2. 实现各类平台的网络互联和管理，打造良性平台生态体系

通过网络对政府、社会服务和产业平台进行管理，根据各平台的资源状态和功能特点，合理划分用户群体，进而实现各平台的互联、信息互通及资源共享。协同供应商、生产商和消费者的多群体行为，整合跨界资源，打造多平台与之兼容互补、多主体参与互动循环创新的平台生态系统。

5.1.3 智能化：机器换人到万物智能

1. 设备智能化代替传统劳动力的生产方式

在设备、产品和企业全网络化的基础上，运用云计算、物联网和大数据等新一代信息技术，对各个生产阶段进行数据采集、整理与筛选分析，建立数据资源库，然后再利用该数据资源库进行指令的设定

与智能化设备的应用，将劳动力资源从大量简单、重复的生产活动向更高层次的工作转移。

2. 智能对象通过感知环境、自主学习，可以代替人类进行简单的自主规划和判断决策

普及智能设备、智能产品和智能车间等智能生产工具，使用该工具在实际操作中收集数据、筛选分析、总结规律，再依据信息，代替人类对现实世界中的具体情况做出简单的反应与初步决策。

3. 建设、运营和普及物联网，实现万物智能

在物联网建设方面，重点发展智能传感器、传感器节点和传感器网关等产业，重点生产物联网相关终端和设备，以及重点打造软件和信息服务。在物联网运营方面，结合大数据建立智能化的物联网管理平台，对各类物联网进行统一的运营管理。在物联网普及方面，将物联网从商用设施向家居、公共设施和交通管道等更多领域延伸，让社会中的所有物品接入传感器设备，并且通过收集、分析与处理数据，使传感器设备具有智能运行的能力，进而实现万物智能。

5.1.4　智慧化：数据挖掘到数据规律应用

1. 鼓励数据技术的研发生产，挖掘数据的潜在规律，提高数据的价值密度

鼓励云计算、边缘计算、量子计算、大数据、人工智能和区块链

等技术的研发，然后利用高效、成熟的数据技术，将杂乱的数据处理为具有规律性的信息，进而根据信息寻求各事件间的关联，建立有效的预测模型，实现对不可见因素未来状态的预测，以提高数据的价值密度。

2．应用数据规律指导现实的经济活动

在利用数据技术找到数据之间的规律后，合理运用这些有价值的数据，根据社会的发展现状、企业运营状态、个人消费方式等指导有意义的经济活动。例如，企业根据实际产出、产品功能和用户意见反馈等，对产品的设计、生产流程、结构功能等进行优化改进，同时，根据实际的生产数据、用户需求调整设备参数，进而合理地安排生产计划。

5.1.5　技术的变革与发展

马克思指出，社会经济形态变革的终极原因要在社会生产力的变化中去寻找，并且社会经济形态是由多方面、多结构和多层次构成的复杂系统，包括生产力、生产关系、经济基础和上层建筑4个重要的子系统。在每种社会经济形态中，生产工具都是最重要的要素，它决定着生产力水平。

农业社会，生产工具经历了打制石器、磨制石器和青铜器、冶铁和制造铁器阶段。农业经济又被称为自然经济，生产要素是直接从大自然中获取土地、水和空气等，主要的生产工具是刀、斧、农具、棍棒和石器等，生产力主要是人力和畜力，人类使用简单的生产工具向

大自然获取农业收成，生产效率低，抵御自然风险的能力弱。

随着蒸汽机的出现，人类社会开始由农业社会迈入工业社会。瓦特成功改良蒸汽机，随后纺织机、电力、内燃机、化工等相继出现并得到应用，人类社会开启了普遍用机器替代人力的时代。就生产工具而言，以蒸汽机、电力、内燃机等为代表的机械工具逐步代替铁犁、手推磨这类手工工具。在工业经济时代，除了劳动力和自然资源两种要素，资本作为一种生产要素在工业社会发挥着越来越重要的作用。社会生产实现机械化和规模化，生产效率大幅提高。

20世纪40年代，计算机的问世使人类进入信息社会。计算机的工作任务之一是处理信息。随着计算机的PC化（20世纪80年代计算机的小型化、个人化）和联网（尤其是互联网的出现），人类社会的活动越来越离不开信息。相较于工业社会的自然资源、劳动力和资本三大要素，在信息社会，信息资源成为核心的生产要素。自古以来，信息在社会管理、经济活动和日常生活中都十分重要，存在形式有实物、图片、文字、语音和信号等，传递方式主要有烽火通信、驿递通信（古代邮驿、现代邮政）和网络通信等。计算机中的信息是用"0""1"编码的数字符号，随着计算机技术的发展及其在社会各领域的广泛融合与应用，今天，大多数社会活动都可以表示为"0""1"形式的信息；同时，大多数社会经济活动又是靠"0""1"编码的信息进行指挥和调度的。在这个阶段，社会生产从机械化、规模化向智能化、定制化方向转变。

5.1.6 新质生产力促进数字经济发展

1. 技术范式转换视野下制造业数字化转型升级的制度需求

技术范式的转换是一个系统、长期的复杂过程，具有以下典型特征。

第一，技术范式转换的系统性。从技术进步的角度来看，制造业转型升级是一个系统过程，既需要核心技术、前沿技术和新兴技术的突破，也需要不断加快先进技术在更大范围内的推广和应用。而技术范式的转换为从技术层面推动制造业转型升级提供了天然的适应情境，因为技术范式的转换既包括核心技术、前沿技术和新兴技术的开发与突破，也包含上述各层面技术与辅助性技术之间连接关系的重组，进而直接影响技术推广和应用的速度。而技术范式转换所带来的上述技术层面的变化最终将直接体现在技术产品及其表现上，并带来消费者行为、产业和市场格局乃至生产方式等外部环境的剧烈变动，进而影响制造业的转型升级。

第二，技术范式转换的渐进性。技术范式的转换是新技术体系取代旧技术体系的渐进过程，在这一过程中，以新技术为核心的技术范式会通过不断改变核心技术与辅助性技术的组合关系提升自身的性能，并最终取代旧的生产秩序和技术范式。只有突破性创新出现，才会在较短时间内实现技术范式的跃迁式变化。制造业的转型升级也是一个渐进的过程，这一过程叠加在技术范式转换的进程中，从旧技术范式转变为新技术范式的过程也是制造业充分利用新技术、加快新技术应用和推广的过程，两者作用的叠加既有利于巩固与深化新技术范式的形成与演进，也有利于加快制造业转型升级的进程。

第三，企业技术进步方式的多元性。制造业企业的投资结构、研发投入倾向及其所处的行业特征等因素导致企业之间存在较强的异质性。从技术创新的角度来看，企业在向新技术范式转换的过程中，具备进行自主性创新和突破性创新的资质和能力，能够成为技术范式转换的引领者。而后发企业可能更多地通过"模仿创新"等追赶战略渐进式地实现"模仿—消化吸收—再创新"的二次技术创新路径。因此，从微观层面而言，企业的技术进步方式具有多元性，不同类型企业的创新发展战略不同，甚至同一企业在技术范式转变的不同阶段也会呈现不一样的技术进步方式。

第四，技术创新迭代的速度越来越快。世界工业发展的实践表明，每一轮技术革命的生命周期都在不断缩短，技术范式转换的时间也越来越短。尤其是在新一轮技术革命中，数字化、智能化和网络化作为中国制造业转型升级的突破口和主攻方向，成为推动制造业高质量发展的核心技术，以数字技术为底层逻辑的科技创新速度越来越快。同时，技术的快速更迭催生了新的商业模式，企业间的互补与竞争动态更迭频繁，整个环境的不确定性也越来越大，这对制造业企业适应、赶超和突破新技术范式、实现转型升级的挑战也越来越大。

技术范式转换后的制度需要匹配制造业转型升级的战略目标，技术范式的转换要求制度框架的全方位调整。实现制造业转型升级，必须注重制度框架与新技术范式的匹配。

第一，制度创新的系统性。技术范式转换的系统性特征要求必须同步构建适用于核心技术、辅助性技术、两层次技术互动关系及技术范式转换路径的新制度体系，作用于核心层的制度安排主要负责推动核心技术的开发、应用与推广，而作用于外围层的制度安排则通过刺激辅助性技术的发展，推动与核心技术开发及扩散相配套的管理模式、生产销售模式等的健全与完善，最终形成满足制造业转型升级技术要求的系统性的制度体系。

第二，制度创新的突进性。 制度创新滞后于技术创新的速度是内生的，制度创新越滞后，对新技术方式转换的抑制效应越强。而原有制度框架的全面变革是一个打破制度变迁路径依赖的过程，也是一个包括制度取向、制度细则等的系统性工程。因此，在技术范式转换的前期，不能寄希望于全面、系统的制度变革，而是要注重与核心技术相适应的核心层制度安排的演进，注重培育更具有竞争力的创新主体，最终通过以点带面、以局部带动整体的改革方式实现包括产业政策在内的制度体系重塑。

第三，制度创新的渐进性。 只有合适的、与新技术范式相匹配的制度创新才能加快提升新技术范式的适应能力和转换速度，但信息不完全、决策者的理性有限等诸多原因导致创新性的制度安排无法在事前就被证明是有效的，在制度实施的过程中也可能会出现诸多不适应的问题。因此，在开展制度创新的同时应保留制度的弹性，理解制造业转型升级和技术范式转换的渐进性特征，为制度留下试错纠错的空间。

第四，制度创新的多元性。 制造业企业因其行业性质与技术知识基础的差异而具有不同的成长特点，并形成不同的发展路径，不同企业适应新旧技术范式更迭的方式不同，其对制度供给的创新要求也不一致，因此，应注重结合制造业企业的异质性，开展多元化、针对性的制度创新。

2. 数字经济技术范式下促进新质生产力转型升级的制度变革

技术与制度协同演进，共同推动制造业转型升级，在新技术范式蓬勃兴起的背景下，应从制度变革入手，通过调整传统的制度框架来适应技术范式的转换，并以此为动力推动制造业的规模增长和转型升级。

第一，调整强选择性的产业政策取向。长期以来，我国的产业政策呈现选择性强、覆盖面广、直接干预性强等特征。从我国的发展实践来看，产业政策有力推动了制造业的快速发展，为我国经济高速增长提供了持续的动力。但产业政策也在某种程度上抑制了市场机制作用的发挥，影响了产业政策的实施效果。因此，在数字时代，进一步夯实制造业在国民经济中的主体地位，加快推动制造业转型升级，需要建立与数字技术范式相适应的制度框架，在充分发挥产业政策的扶持、引导和推动作用的同时，也要调整产业政策的覆盖面，把握好产业政策的实施力度，避免政策过度干预而限制市场机制的作用。从制度变革的方向而言，由于创新能力的提升是推动制造业转型升级的根本动力，所以应更加注重产业政策的功能性，调整政策实施的重点范围，加快制造业创新生态系统培育和基础性创新环境建设，完善针对创新行为的激励机制。重点扶持短时间内市场无法解决的前沿技术、新兴技术攻坚克难的问题，以及新兴技术和前沿技术的研发、工程化和商业化的问题。

第二，加快数字技术底层逻辑的制度变革。数字经济是数字技术创新及数字产业化的综合体现，是数字技术不断向各产业部门渗透、数字产业与传统产业不断融合的过程，也为推动制造业转型升级提供了重要的技术支撑。数字技术在制造业企业的广泛应用有效拓宽了制造业企业的生产边界，不断催生新业态、新模式，推动整个制造业步入以数字技术为核心的新技术范式，进而引发对原有制度体系的变革要求。新技术范式的核心是数字技术，这个技术范式的演变需要在5G、工业互联网、人工智能和区块链等数字技术领域持续集中突破，并着力推动数字技术与其他领域技术的融合，这是新技术范式的底层逻辑。因此，要着重更新数字技术问题的思维方式和方法体系，加快突破数字技术壁垒，变革配套的制度体系。

第三，强化竞争导向的市场化制度改革。市场竞争是推动制造业企业转型升级的重要引擎，市场竞争机制作为企业重要的外部治理机制，可以为制造业企业数字化转型提供有效动力。要使市场竞争机制更有效地发挥作用，不仅需要保证其发挥作用的内部渠道通畅，还需要优化企业所处的外部环境，积极地为制造业企业数字化转型创造良好的外部条件。一方面，政府部门要坚持市场公平竞争的理念，积极采取措施，完善市场机制，破除区域和产业间的不公平阻碍，促进各类经营组织均衡发展，缓解因市场机制不完善造成的市场机会获取不均的问题，通过公平的市场竞争机制提升我国制造业企业数字化整体水平。另一方面，加快出台促进全国统一大市场建设的相关政策，破除妨碍市场资源高效配置的体制机制障碍，使生产要素与商品服务在符合法律规定的基础上自由流动，降低制造业企业日常运行过程中面临的制度性成本。同时，要优化区域创新环境，大力宣传创新创业精神，提升民众对创新创业活动的认可度和包容性，将创新创业思维深度嵌入制造业企业的日常经营活动中。

第四，侧重促进协同创新的制度创新。 新技术范式对制造业转型升级的重要作用还体现在数字技术改变了制造业与其他产业之间、制造业内部各行业之间、制造业企业与其他企业之间，乃至制造业企业与制造业企业之间的合作边界，通过"互联网+""人工智能+""区块链+"等模式重塑了制造业的产业链和价值链，形成基于分工与合作的链式生产网络，推动制造业企业的技术创新从单打独斗向协同创新转变。因此，要构建多主体共同参与、学习的创新网络，通过制度创新充分发挥协同创新效应，使各类创新主体之间有机协同、相互促进，从而以协同创新能力的有效提升推动制造业的转型升级。制度建设的重点应放在强化数字技术发展的要素支撑上，打破主体、产业与区域间的"数字鸿沟"，为构建高水准的协同创新模式提供完善的环境支撑。同时，创新性的制度安排也要积极协调各类创新主体间、各类协同创新要素间的利益，破解多主体、多层次创新体系的内在困境。

第五，聚焦动态能力的制造业企业内部制度变革。 对微观企业而言，当技术范式转变时，由于制造业企业已经适应原有技术范式的资源和战略，很难适应新技术范式的要求。因此，制造业企业必须寻找新的资源，尤其是新的技术资源，以适应技术变革的需求。而且，技术范式的转变不同于原有技术的渐进性改变，它是一系列解决技术问题的思维方式和方法体系的根本改变，这种改变不仅关系到技术问题，还需要制造业企业从组织、市场、管理和服务等各个方面做出全方位的调整，并进行适应性的战略变革。在技术更迭加速、外部环境不确定性较高的现实条件下，战略变革的重心应放在提升制造业企业的动态能力上，使企业以一种合适的方式针对变化的环境进行调整。尽管技术范式的转变对制造业企业而言是一个巨大的挑战，但也为众多企业打开了一个"学习窗口"。动态能力可以帮助企业在应对或利用转变的过程中摆脱对原有组织结构、生产模式等路径的依赖，为渐进式创新活动与颠覆式创新活动合理分配资源，帮助企业进行快速的机会识别，不断对现有资源进行渐进改进或剧烈重构，使企业在动态复杂的环境中获得持续竞争优势。同时，鉴于技术范式转变给不同企业带来不同的"机会窗口"，每一家制造业企业面临的机会不确定性、能力缺口、技术获取难度等也不相同，因此，制造业企业应通过不同程度的动态能力，以及不同的联盟组合策略、学习与研发方式和商业模式等实现可持续发展。

5.2 新动能机制下的数字经济

数据要素正在成为产业规划和产业政策的高频词汇，探索构建数字经济新型生产关系，正在成为促进数字经济与实体经济深度融合、推动经济高质量发展和构筑国际竞争优势的新动能。

从宏观来看，世界各国都把推进数字经济作为实现创新发展的重要动能。各国都在加快数字化转型发展的步伐，特别在前沿技术研发、数据开放共享、隐私安全保护等方面做了前瞻性布局，通过数据要素加快数字经济与实体经济融合，推动制造业向数字化、网络化和智能化的方向发展。同时，运用大数据提升国家治理现代化水平，推行电子政务、建设智慧城市，构建全国信息资源共享体系。

从微观来看，随着越来越多的业务过程和活动数字化，任何一家企业的生产经营活动积累的数据资源必然会越来越多。这些关乎产品、用户、装备、能耗和材料的底层数据蕴含了巨大的商业价值，产品的创新性在数字化进程中不断释放底层数据的价值，从而形成数字经济的新业态、新模式。

5.2.1　新动能的概念与发展

1. 新旧动能转换的多维思考

2008年国际金融危机之后，我国经济增速从10%以上的高速增长进入中高速增长态势，2015年以来经济增速回落至6%～7%。面对我国劳动密集型产业成本优势减弱，重工业增长乏力，复杂的国际环境使出口存在巨大的不确定性的局面，我国需要加快培育壮大新动能、改造提升传统动能。

对于新旧动能转换的内涵，可以从以下两个角度思考。

从内在驱动力来看，新旧动能转换就是经济增长动力的转换。改革开放初期，我国通过加入全球分工体系，充分发挥劳动力丰富、劳动成本低的比较优势，实现了经济特别是制造业的高速发展。随着经济增长，我国有能力进行大规模的基础设施建设，投资又成为拉动经济增长的重要力量。随着人口红利消退、生态环境压力加大，主要依靠投资和自然资源投入的粗放型增长方式已经难以为继，必须转换到依靠创新、知识和技术驱动的经济增长方式上来。

从外在表现来看，新旧动能的转换就是产业结构的转换。国民经济由不同的产业部门构成，有些产业增长速度快，有些产业增长速度慢，在经济发展过程中就会出现高增长产业带动其他产业不断发展的现象，并由此带来产业结构的调整。

从总体上看，产业结构的转换过程是产业结构不断升级的过程，劳动密集型、资源密集型产业在产业结构中的比重不断下降，技术和知识密集型的高技术产业的比重不断提高。从这个意义上讲，旧动能是低技术、低效益、高能耗、高污染的传统产业，新动能是高技术、高效益、低能耗、低污染、高质量的战略性新兴产业和前沿技术产业。从总体上看，劳动密集型产业处于全球价值链的低端，附加价值低，且随着劳动力成本的持续上涨，我国劳动密集型产业的全球竞争力正在削弱，劳动密集型产业的重心开始向成本更低的发展中国家转移；重工业的发展不但产生了大量的污染物，给生态环境造成巨大的压力，而且随着交通基础设施主体框架的形成和"房住不炒"政策的确立，国内对以钢铁、建材为代表的重工业的需求增速下降，重工业增长乏力。各个地区、城市由于新旧动能转换速度的不同，出现了经济发展的分化，旧动能比重大的地区由于旧动能弱化而面临较大的经济下行压力，新动能活跃的地区则因新动能的高成长性而成为经济增长的亮点。面对经济下行的压力，劳动密集型产业和以重工业为主的产业结构需要转移到更符合市场需求和要素优势、技术含量和附加值更高、环境更友好的产业结构上。

2. 数字经济与新旧动能转换的内在关联

数字经济增长速度快、规模不断扩大，对GDP增长的带动作用非常显著。在一些地区，一个数字经济细分领域就可能创造上百亿元的营业收入，对带动当地经济发展发挥着重要作用。因此，数字经济被普遍认为是新动能的主要构成部分和新旧动能转换的主要推动力。数字经济不仅改变了经济增长动能的结构，而且提升了经济增长动能的质量，在科技创新、提高全要素生产率方面发挥着重要作用。例如，阿里巴巴、百度、腾讯等大型互联网企业的研发规模均超过百亿元。有学者直接将新动能定义为"以互联网、大数据和云计算等新一代信息技术的应用为基础，以新技术的突破为依托，以新技术、新产业、新模式、新业态'四新'为核心的影响经济社会发展、促进经济转型升级的产业驱动力"，或者将新旧动能转换等同于"高技术制造业、数字经济、共享经济等新兴服务业的加快发展"。

5.2.2 新质生产力与新动能

科技创新是经济发展的根本推动力。任何产业的发展都离不开科技创新，但是数字经济与传统产业领域的创新存在巨大的差异。克里斯滕森在对传统产业研究的基础上提出了颠覆性技术的概念。他认为，持续性技术是针对市场上主流用户长期关注的成熟产品性能的改进，而颠覆性技术带来了主流用户所忽视的价值主张。一般来说，**颠覆性技术往往从利基市场或新出现的需求起步，通常价格更低，性能更简单，体积更小，便于用户使用。**

当前，数字技术、先进制造技术、新材料技术和生命科技加快成熟和商业化。与传统产业相比，数字经济的创新呈现创新频率高、影响大和覆盖范围广的特点。具体而言，体现在以下3个方面。

一是创新频率高。传统产业的技术相对比较成熟，技术突变少，新技术多与原有技术存在相似性和演进上的连续性。当其成为行业的主导技术后，即使出现颠覆性技术，也会进入一段持续时间较长的技术稳定期。而在数字经济领域，持续不断地有新技术成熟并进入商业化阶段，形成新产品或新的商业模式。

二是影响大。数字技术或新一代信息技术是典型的通用目的技术（General-Purpose Technologies，GPT）。GPT具有得到广泛应用、进行持续的技术改进、可以在应用领域促进创新等特征。也就是说，GPT不仅能够在多个行业甚至国民经济和社会的更广泛领域获得应用，而且会使其他产业的产品形态、业务流程、产业业态、商业模式、生产方式、组织方式、治理机制和劳资关系等产生颠覆性变革。

三是覆盖范围广。在传统产业，颠覆性技术的发起者大多来自行业内部，是行业从业者对领导者的挑战。就数字经济而言，颠覆性技术不仅由行业内部的企业发起，还经常源自产业之外，竞争的范围已经超越行业的边界，形成跨界竞争、降维打击的特点。例如，近年来电信运营商的短信发送量严重萎缩不是因为其他电信运营商的竞争，而是由于微信成为更便捷的日常沟通方式，取代了短信的功能；方便面生产企业的销量萎缩也不是因为其竞争对手占据了更多的市场，而是高速发展的外卖产业能够方便、快捷地满足人们的用餐需求。即使一些看起来市场地位牢不可破的行业头部企业也由于颠覆性技术的出现而受到较大的挑战。例如，大多数人都曾认为，电商市场已经形成阿里巴巴与京东两家巨头企业竞争的市场格局，但没有料到拼多多另辟蹊径，迅速发展壮大。

　　总体来看，传统产业技术创新的突变较少，且技术仍然主要延续原有的路线，导致传统产业具有路径依赖的特征，头部企业的领先地位一旦建立就很难被撼动。例如钢铁行业，尽管我国钢铁总产量持续增长，但已经很难有新企业进入，增量市场份额也只是由原有企业瓜分。相反，数字经济领域的颠覆性创新不断涌现，且技术、商业模式的发展方向难以预测，提供相同或相似效用的企业在新技术领域并不具备明显优势，甚至对颠覆性技术反应迟钝。在数字经济领域，无论是国家还是企业均存在大量"换道超车"的机遇，初创企业总会有机会在某些新产品或新模式创新中取得领先地位并进而发展为大企业，而后发国家也有机会在新产品、新服务、新模式和新业态所形成的新产业中占有一席之地，甚至取得领先地位。

5.2.3　新动能机制激活数字经济

　　如果将新旧动能转换看作产业结构的变化，那么新旧动能转换主要有3种形成机制。一是新产业的形成。一项技术通过工程化、商业化开发形成新的产品（或服务、业态和商业模式），如果新产品的市场反响好，需求不断扩大，就会有大量生产企业和配套企业涌入，最终形成一个新产业。二是传统产业的改造升级。虽然产品的基本结构和功能没有发生根本性转变，但是通过新技术的应用，现有产业的技术水平提升、产品功能更加丰富、生产工艺更加优化，能够扩大市场销量或者降低生产经营成本，从而使产业获得较快的发展。三是落后产业的淘汰。在新动能不断发展壮大的过程中，那些缺乏竞争力的企业会退出市场，如果退出市场成为行业的普遍行为，整个行业就会萎缩甚至消亡，旧动能会被淘汰。新旧动能转换要坚持"增量崛起"与"存量变革"并举。

1. 产业创新激活数字经济

数字经济领域不断有颠覆性创新涌现，意味着不断有新的市场机会，这些市场机会吸引原有企业和新的创业者推动技术的产业化，进而开发新产品、新服务、新模式和新业态。如果说20世纪90年代互联网起步阶段的颠覆性创新大多集中于新模式且服务对象以终端消费者为主，那么云计算、大数据、物联网、移动互联网和人工智能等技术的快速发展则将互联网推向产业互联网时代，此时的颠覆性创新范围更宽、能量更大：不仅包括新模式，而且包括新产品和新服务；不仅面向终端消费者，而且服务于实体经济和企业用户；不仅催生新的细分产业，而且会为传统产业赋能，使其在技术、质量、效率和效益等方面产生巨大改变。

2. 市场需求增强数字经济

当新技术与市场需求相契合，颠覆性创新进入商业化、产业化阶段后，企业可以通过建立数字化平台，发挥平台经济、分享经济、零工经济和开源经济等模式的优势，吸引并充分利用企业外部丰富的资源，提供产品和服务，打破自身资源和能力的限制，实现超速成长。特别是要重视发展"产销合一"的模式，将平台的广大消费者变为产消者，实现外部资源利用的最大化。近年来发展迅速的微博、微信和抖音等，都是消费者直接参与内容生产的典型示例。用户的直接参与不但丰富了平台的内容，而且增强了用户黏性。

3. 人口红利推动数字经济

由于网络效应的存在，巨大的人口规模构成我国数字经济发展的基础，这也是我国相对于大多数国家数字经济发展的优势。一旦一种数字技术变得成熟且商业化，就会获得足够大的用户量，引发正反馈机制，从而发展壮大。但是也要看到，无论是供给方还是需求方都通过互联网打破了地域空间的限制。从企业的角度来看，将会面对来自全国甚至更广泛范围内的激烈竞争，很难像传统产业偏安一隅地生存。因此，企业在推出一项新产品、新服务、新模式和新业态后，要尽可能快速地扩大用户量，形成相对于竞争对手的网络价值优势，这是数字经济领域一项新业务在起步初期采取免费甚至补贴策略的重要原因。

4. 存量变革提振数字经济

当一家初创的数字经济企业发展成为行业领先企业特别是平台企业后，"蒲公英效应"开始发挥作用。全国性和全球性的平台将会为作为平台供应商的中小企业创造更好的发展条件，提供更好的市场机会。对于一个地区来说，更重要的是该企业培养的技术和管理人才带来的外部资金和人脉，将会促进更多的数字经济初创企业发展，使该地区成为数字经济的集聚地，甚至会在数字经济的某些细分领域成为全国的领先地区。在我国互联网领域，以百度、阿里巴巴和腾讯为代表的互联网公司衍生出一大批创业公司。

以云计算、大数据、物联网、人工智能、区块链等为代表的新一代信息技术是当前技术创新和商业投资最活跃的领域，数字经济成为新旧动能转换的重要机遇和动力。具体来说，数字经济推动新动能形成主要有3条路径。

第一条，新技术成为新产业。随着一些新的数字技术逐步成熟、成本持续降低，市场需求会不断被激发，而市场需求的扩大会吸引大量的企业进入，并为企业提供发展壮大的空间。当新技术的产业化形成一定的规模后，新产业就会形成。云计算、大数据等产业都经历了从无到有、从小到大的发展过程。

第二条，新技术催生新模式，新模式成为新产业。有时不是新技术本身发展成为新产业，而是在新技术的推动下形成新模式和新业态。这些新模式和新业态往往是新技术与既有产品或服务相结合的产物，但是因为解决了用户痛点、迎合了新的需求而获得快速发展。例如，电商降低了实体店铺的运营成本，极大地扩展了销售的范围，使"长尾"产品的价值被发现；网约车提高了车辆与乘客之间的匹配效率，减少了车辆的空驶率，缩短了乘客等车的时间。

第三条，新技术赋能传统产业。数字技术是通用目的技术，也是重要的赋能技术，能够帮助传统产业驱动效率提升、推动跨界融合、重构组织的竞争模式，以及赋能产业升级，通过降本、增效、创新路径实现传统产业业绩提升。面对新一轮科技革命和产业变革带来的历史机遇，应推动产业数字化，利用互联网新技术新应用，对传统产业进行全方位、全角度和全链条的改造，提高全要素生产率，释放数字技术对经济发展的放大、叠加和倍增作用。

5.3　构建数实融合发展新格局

随着经济增速的逐渐放缓，数字经济与实体经济的融合十分必要。数字经济与实体经济的融合发展中，首先是要加大对数字化经济的重视力度，不断创新经济体制，加快二者的融合深度与广度；加大资金投入力度，建设全面的数字经济平台，可以在数字平台上完成对实体经济发展模式的数字化展现；另外，加大数字经济的基础设施建设，技术更新发展，将更多的产业链融合到数字经济中，强化实体经济的数字化基础建设。在工业实体经济发展中，依托于数字经济实现全产业的升级创新是核心，也是推动工业体系创新发展的关键。

5.3.1　数字经济与实体经济的关联关系

数字经济与实体经济深度融合的内涵是数字经济与实体经济之间相互依赖、相互赋能。数字经济与实体经济的界限趋于模糊，实体经济是融合数字经济的新型实体经济，数字经济是深度服务于实体经济的实体化数字经济。数字经济与实体经济深度融合主要表现为数字经济加速实体经济的产业资本循环、实体经济的产业资本循环迫使数字经济迭代创新、数字经济与实体经济协调发展3个方面。

1. 数字经济加速实体经济的产业资本循环

马克思在《资本论》第二卷中将资本循环的总公式总结为：$G—W\cdots P\cdots W'—G'$。在这个公式中，虚线（$\cdots$）表示流通过程的中断，G 表示货币资本，W 表示商品资本，P 则表示生产资本，W' 和 G' 表示由剩余价值增大了的W和G。在循环的第一阶段：$G-W$表示一个货币额转化为一个商品额。对个体而言，是买者的货币转化为商品、卖者的商品转化为货币；对社会而言，是社会总体再生产的价值补偿和实物补偿问题。该公式为国家制定经济政策、引导经济发展方向提供了科学依据。此外，数据作为新型生产要素出现在要素市场上，改变了传统生产要素的结合比例与结合方式，物质生产要素与劳动力的购买比例更加复杂，更加凸显了数字经济深度融入实体经济的算法优势。从生产阶段来看，数据作为新的生产资料，与其他已数字化的生产资料共同使智能化生产代替机械生产，大幅提高了劳动生产率。数字技术引发的技术革命重塑了生产资料与劳动具体结合的方式，不断提高增值率，使用价值更能满足人民日益增长的美好生活需要。生产阶段不但能够创造更大的价值，而且供给侧的产品与需求侧的结构更加匹配，产品质量更高，为价值实现奠定坚实的基础，从而加速产业资本循环。从售卖阶段来看，数字平台成为商品交换关系的载体，其几乎为零的边际成本可以充分发挥规模经济和范围经济效应，突破时间和空间的限制，高效集聚供给方和需求方，降低买方的购买价格和卖方的流通成本，提高供需匹配的效率，缩短流通时间，从而加速产业资本循环。

2. 实体经济的产业资本循环促使数字经济迭代创新

马克思指出："产业资本连续进行的现实循环，不仅是流通过程和生产过程的统一，而且是它的所有三个循环的统一。"在这里，"三个循环"是指货币资本的循环、生产资本的循环和商品资本的循环。因此，产业资本循环与社会再生产过程要想顺利进行，要求将资本划分成不同的部分，并使资本的每个不同部分能够依次经过相继进行的各个循环阶段，从一个阶段转到另一个阶段，从一种职能形式转到另一种职能形式，使循环的各个阶段在时间上继起、在空间上并存。需要注意的是，生产过程与流通过程的统一实际上包含对生产过程、流通过程、生产与流通过程3个方面的要求。

从生产过程来看，要求生产具有较高的效率，生产出的商品具有对社会有用的使用价值，且能够保证各种商品的生产只使用了社会必要劳动时间，即在社会总劳动时间中只把必要的比例用在各类商品的生产上。在数字经济与实体经济深度融合的过程中，实体经济对生产效率的要求会促使数字经济进行生产组织创新与管理创新；对产品质量的要求会倒逼数字经济的技术创新。

从流通过程来看，商品需要到市场上进行交换，同时匹配到需求方，而所需流通时间的长短则取决于供需双方匹配的效率。对供需双方匹配效率的要求与缩短流通时间的要求迫使数字经济升级和优化平台化的市场空间，促使数字经济进行商业模式创新。

从生产与流通的统一来看，生产的商品要及时卖掉，从生产资本变成货币资本，进而继续购买生产要素进行生产。在实际的经济运行中，经常发生延期支付货款的现象，生产与流通的统一会被中断，会迫使数字经济进一步借助数据、技术等优势，进行供应链金融创新。

"三个循环的统一"要求每种循环形态都顺利进行，同时3种循环形态并存。前者情形与生产和流通过程的统一类似，后者情形要求科学划分实体经济在初始阶段的资本组成部分，这将促使数字经济进行算法创新。

3. 数字经济与实体经济深度融合

数字经济与实体经济深度融合的表现是数字经济与实体经济相互促进、相得益彰、协调发展。具体来说，实体经济通过数字化、网络化、智能化实现产业数字化，生产、流通、分配和消费各个具体单元的高效贯通和精准衔接，并实现社会再生产过程全链条、全方位、全时段的数字化记录，生产过程与流通过程更加统一，产业资本循环的3个阶段衔接更加顺畅。

数据作为新的生产要素在全国统一大市场清晰地确权和交易，数字资本在合法合理的"绿灯"下通行，不断开辟新的价值创造空间。数字经济在融入实体经济的过程中充分释放规模效应，核心数字技术取得突破性发展，数字经济"脱虚向实"成果显著，结构更加合理。数字经济与实体经济的深度融合带来一系列技术创新、组织创新、模式创新和管理创新，数实融合后，我国经济全要素生产率和劳动生产率不断提高，关键核心技术自主可控，经济结构更加合理，单位价值创造所需能耗显著降低，高水平开放程度不断提升，收入分配更加公平，经济发展更符合创新、协调、绿色、开放、共享的新发展理念。数字技术对实体经济放大、叠加和倍增作用凸显，传统产业通过数字化转型释放出新的活力，新兴产业持续加速形成，经济发展的质量变革、效率变革和动力变革成效明显，数字经济与实体经济的深度融合成为国内大循环的动力源，数字生态国际竞争优势明显，国际经济竞争力显著提升。

5.3.2　数实融合的必然趋势

面对数实融合过程中遇到的问题及困难，需要以数字技术为驱动力，优化数据要素配置，发挥数据要素的价值，实现实体经济的提质增效。目前，数据要素市场尚未被完全开发，相关制度还不健全。未来要加快对数据要素体系、市场和一体化等方面的建设布局，保证数实融合的深度发展。

1. 完善的数据要素体系是推动数实融合的重要抓手

数据要素是企业进行数字化改革、实现网络化和智能化制造的关键，其作为数实融合的基础因素，已经快速融入企业的生产、物流、销售、服务和管理等方面，正在深刻改变着企业的生产和管理方式。由此可以看出，数据在企业实现数实融合过程中的核心地位。因此，构建完善的数据基础制度，准确把握数据要素在数实融合过程中的关键性作用成为顺利推动数实融合的重中之重。"数据二十条"明确了数据要素市场制度建设的基本构架、未来发展和重点任务。从数据产权、流通交易、收益分配和数据要素治理方面统筹谋划了二十条相关政策，对构建数据要素基础制度、完善数据市场交易流程、保障数据交易安全可靠具有指导性意义。为实现深度数实融合，进一步做强做优做大我国数字经济，实现数据要素市场的蓬勃发展，提供基础性支持。从政策出台层面来看，"数据二十条"为我国实现全域数实融合提供了基础性、制度性保障，将数据基础性制度建设放在优先位置，为下一步充分发挥海量数据资源和丰富应用场景优势，促进数实融合奠定了坚实的基础。从政策落实层面来看，"数据二十条"的发布有力地保证了在数据要素赋能过程中存在的对规律认识不清、数据资源配置供需失衡、数据应用场景模糊虚化等问题从根本上得到有效解决。

2. 数据要素市场改革是推动数实融合的必要条件

从目前来看，加快数据要素市场化改革、深化数据要素市场化配置是激发数据要素潜能、加快数字经济发展、助力数字经济与实体经济深度融合的必要条件。从制造业数字化程度来看，数实融合为制造业企业带来的不仅仅是某个生产环节的数字化转型，数字化转型的最终目的是通过数据要素在制造业企业内的全生命周期流动，打通供应链上下游，实现产业链、供应链和服务链各节点的相互融合，实现各节点各环节之间的无缝衔接，最终保证制造业企业大幅降低生产交易成本，持续优化业务流程，实现企业效率的提升和高质量发展。

为进一步深化数据要素市场化改革，要从以下3个方面对数据要素及其所涉及的市场进行改革。

第一，加快数据确权步伐，着力解决数据产权难题。现阶段，数据的权属问题始终存在于数据使用的过程中。由于权属尚未明晰，数据收益划分、安全保障等问题限制了数据价值的进一步发挥。下一阶段，要明确数据要素的责任、权利、义务，本着"谁受益谁负责，谁采集谁管理，谁持有谁负责，谁使用谁负责"的原则，明确各单位按照数据的采集、管理、持有和使用的职责履行数据安全责任，明确数据要素的责任、权利、义务。在此基础上，鼓励各地方政府加强数据确权方案的地方性规划设计，进一步解决数据管理权责划分不明晰等问题，从根本上消解管理互通难、数据共享难、业务协同难和开发利用难等多重羁绊。

第二，加快建立全国统一的数据大市场体系，进一步建立高效的数据市场化配置新格局。 要加快数据的共享共用，加快建立政务数据向社会开放共享机制，促进政务数据与实体经济深度融合。鼓励地方探索建立数据定价机制，保证公共数据在流通中为经济发展提供新动能。

第三，合理规划数据运营管理问题。 现阶段，在对数据要素的管理运营上，面临授权合法性、授权不授责、市场公平性等一系列难题。应加快数据要素的市场化改革，明确运营管理的职责和部门分工，做到职责到人，保证数据要素市场的共享、流通和交易，为数据要素市场化配置改革探索出一条符合当前实际需要的新规则。

3. 全方位数字化转型是推动数实融合的最终目标

从数实融合的实质来看，脱离了数据及其相关技术的数实融合将成为无源之水、无本之木，实体经济在转型过程中将逐渐空心化，脱离数字化转型的本质；更重要的是，缺乏应用场景的数字化转型也会使数据及其相关技术缺乏用武之地，数字化转型将成为"镜中花，水中月"。面对数字化转型过程中面临的上述问题，我们应从以下3个方面入手。**第一个方面，在思想上要充分认识到数字产业化对于数实融合的重要意义。** 要充分认识数字产业化对于数实融合的"先手棋"作用，在互联网、大数据、云计算和人工智能等领域打造一批数字产业化项目，打造一批"专精特新"企业。**第二个方面，稳步落实**

发挥产业数字化对于数实融合的主阵地作用。加快制造业企业数字化转型的速度，构建统一标准企业云，颁布优惠保障政策，加快企业上云的进程，逐步推动提升制造业企业的数字化生产、管理、物流及智能应用的能力，重点加强制造业企业网络安全防护能力的建设。第三个方面，加快推进传统产业全面升级是数实融合的根本保障。促进数实融合既是做强实体经济的现实要求，也是打造数字经济新优势的重要途径，传统产业全面升级与转型才能不断拓展实体经济发展的空间和潜力。

5.3.3 新质生产力助力数实融合

1. 加快新型基础设施建设，提供数实融合的基础支撑

首先，实体经济要实现数字化、网络化和智能化，就要打通实体经济劳动对象、劳动资料以及有目的的活动或劳动本身与数字经济之间的连接通道，这要求在对交通、能源等传统基础设施进行数字化革新的基础上，建立和完善各类新型基础设施。

其次，生产、分配、流通和消费等全过程和全链条的数字化与智能化需要强大的算力提升和算法优化的支撑，这要求统筹推进新型基础设施体系的建设与完善，深入推进5G、物联网、工业互联网和卫星互联网等通信网络基础设施，人工智能、区块链、云计算等新技术基础设施，大数据中心、智能计算中心等算力基础设施等的建设、布局与优化。

最后，新型基础设施是新兴产业发展的重要支撑力量，为实现创

新驱动发展，需要布局和完善国家重大科技基础设施、科教基础设施、产业技术基础设施等创新激励型基础设施，推动形成新产品、新服务、新模式和新业态，拓宽实体经济的价值创造空间。更重要的是，新型基础设施建成后，将重塑实体经济的劳动过程和生产过程，从劳动对象、劳动资料和有目的的活动或劳动本身3个方面释放实体经济的价值创造效应。新型基础设施的建设可以拓宽劳动对象的范围，数字化的知识和信息等新型劳动对象的出现使传统劳动对象更加智能化。经处理的数据成为新型生产资料，大幅提升了劳动资料总体生产效能。与新型基础设施相对应，劳动力不断积累新知识、新技能，使用新的劳动工具在产业链及其各环节大幅提高劳动生产率，促进工业大规模标准化生产向柔性化、个性化、定制化生产转型，加快信息传播速度，降低交通运输成本与城市治理成本，增加创新机会，以多种途径持续释放实体经济的价值创造效应。

2. 统筹推进高质量发展，提供数实融合的动力支撑

创新、协调、绿色、开放、共享的新发展理念是高质量发展的"指挥棒"，更是发展数字经济、推进数实融合所要遵循的原则。

从创新发展来看，实体经济持续的创新驱动要求在与数字技术融合的基础上进行自主创新。而数字技术要实现持续的创新就要超越数字资本主导的逻辑，以实体经济为本源。

从协调发展来看，要解决发展不平衡的问题就要以数字经济与实体经济的全局视野衡量区域之间的比较优势，数字经济要实现算力算法的优化布局，也要以区域协调发展为基础，"东数西算"工程就是

在协调发展的动力支撑下实现数字经济与实体经济深度融合的例证。建设和完善新型算力网络体系能促进中西部地区数字经济发展并带动实体经济发展，缩小区域差距，提高数字经济的整体发展质量。

从绿色发展来看，实体经济的绿色发展需要通过数字经济的绿色技术创新和空间溢出效应提升绿色全要素的生产率，进而提供增长新动能，数字经济的绿色发展需要沿着实体经济结构优化的方向减少算力浪费，提高算力的价值产出率。

从开放发展来看，实体经济高水平开放需要在与数字经济融合的基础上打破时间和空间限制，提升开放的水平和质量，数字经济的开放创新、数据交易和数字贸易等则要在实体经济的开放通道上延展。

从共享发展来看，实体经济需要借助数字经济缩小居民收入差距、降低家庭收入不确定性以及拓展居民社会网络等渠道，实现发展成果共享，数字经济则需要在服务实体经济的过程中实现发展成果共享。

3. 分类搭建数字平台，提供数实融合的组织支撑

一是将数字平台作为一种新兴市场组织形式，按照工业、农业与服务业的产业特点分类搭建数字平台，建设和完善各类工业互联网平台、农业互联网平台和服务业互联网平台，以互联网的广泛连接性丰富供给方与需求方原有的组织形式，提高匹配的效率，打破市场的时间和空间限制，助力传统要素与数字化要素市场的统一，以及实体产品市场与数字化产品市场的统一，进而推动全国统一要素大市场和全国统一产品大市场的建立，为数字经济与实体经济的深度融合提供网络化的市场组织支撑。

　　二是将数字平台作为一种新型基础设施，分类搭建和完善各类数字平台，建设和完善感知平台、预警平台和决策平台，对数字经济与实体经济融合过程中的网络威胁、业务异常、资产脆弱性等进行感知与预警，提高应急决策的效率，为数字经济与实体经济深度融合提供安全的组织支撑。此外，作为新型基础设施的平台以提供基础设施服务为宗旨。平台化基础设施与服务体系的完善在吸引实体经济与数字经济要素市场主体与产品市场主体聚集于平台之上的同时，还会促进产品与要素随时在平台之间自由流动。产品与要素的充分流动将在全国统一大市场基础上发挥国内大循环主体的作用，为数字经济与实体经济在国民经济循环中的动态融合提供组织支撑。

　　三是将数字平台作为"链网融合"的中台组织，搭建各类数字平台，可以促进线上线下的货物网络、遍布全国甚至全球的仓储网络、综合立体的运输网络等与供应链的协同与融合，提供一体化、智慧化的供应链服务，并保证供应链的稳定性与安全性，从而促进产业互联网与消费互联网的融合，并推动生产、分配、流通和消费各环节的不间断推进。

4. 提升算力、优化算法，提供数实融合的技术支撑

　　算力和算法既是数字经济的核心，也是数字经济与实体经济深度融合的技术支撑。算力决定了数据的处理能力，算法决定了发现规律、诊断问题和预测未来的能力。数字经济与实体经济各自原有的数据量以及数实融合后更大规模和更多格式的数据采集、存储、传输、分析、呈现、共享与使用等必须以更高的算力和更优化的算法作为底

层技术支撑。

数字经济与实体经济的深度融合还需要在超强算力与先进算法的支撑下提高数据处理速度和数据传播效率，确保数据分析的精确性，改善数据呈现的效果。因此，为促进数实融合，必须同时提升算力、优化算法。以云计算、边缘计算、泛在计算等算力技术的创新为突破点，优化基础算力、平台算力和服务算力等多层次算力体系，提升整体算力，为数实融合的海量数据处理与计算提供算力技术支撑。以人工智能、数字孪生、机理模型和流程模型等的优化为基础，革故鼎新，探索新的算法模型，在提升描述、诊断、预测和决策准确性的基础上为数实融合提供算法技术支撑。只有不断提升算力、优化算法，数字经济才能在更大范围深度服务实体经济并融入实体经济，实体经济才能实现从购买阶段到生产阶段再到售卖阶段的全过程智能化感知、智能化决策和智能化执行，中国制造才能走向中国智造。

同时，数字经济与实体经济的深度融合所要求的算力和算法不是一成不变的，相应的算力与算法技术目标要随时根据社会环境要求和经济高质量发展需要进行动态调整。

5.3.4　数字经济与实体经济融合案例

1. 中国移动四川公司 5G＋智慧农业助力乡村振兴战略

大山深处的四川省凉山彝族自治州金阳县芦稿镇青花椒现代农业园区，一粒粒饱满的青花椒挂满枝头，椒农吉子古打正在利用5G搬运轨道机器人进行作业："我们园区山地多，相对高差较大，利用移动

5G轨道机器人，能运输物料，省时省力，非常好。"

金阳县曾是国家级贫困县，在实现脱贫摘帽后，该县聚力打响"青花椒"这一金字招牌，将青花椒作为实现乡村振兴战略的支柱产业。为加快发展数字经济，促进数字经济与实体经济深度融合，中国移动四川公司充分利用网络资源及信息化优势，投入软件、硬件、网络资源累计超2000余万元，在金阳万亩青花椒核心区域推动5G+智慧农业发展，为支持脱贫地区乡村特色产业发展添加了"互联网+"时代的新利器。

5G搬运轨道机器人，省时省力便捷化。在园区内建设1400米5G搬运轨道机器人，通过5G网络传输，完成园区内的运输、施肥等作业。与传统的运输方式相比，轨道机器人爬坡能力强，操作简便、易于控制，可以在高差大、修路困难的地方任意使用。

5G环境智能监测，综合管控集中化。利用5G+物联网技术，在园区部署了3套气象站、20套土壤墒情监测站，将青花椒生长环境及土壤墒情信息实时直观展现在园区精准种植管控平台，方便工作人员了解环境信息，匹配青花椒生长模型。结合农业专家在线咨询平台，实现农科院专家远程指导。安装了300套远程拍照式虫情测报灯，自动完成诱虫、杀虫、收集、分装，实现了虫体远红外自动监测杀虫，大幅度减少农药用量，实现病虫害绿色防控。

水土肥一体化设备，自动灌溉科学化。建设1400亩（1亩≈666.67平方米）水肥一体化设施，结合气象、土壤墒情监测，通过采集土壤养分水平，设置科学的营养比例，全自动添加肥料，做到精准施肥。建立5G+自动控制灌溉系统，利用手机，即可在线控制园区灌溉设施、摄像头等智能化设施。使用该模式后，节水30%以上，节约肥料20%，大幅降低了人力、财力、物力的投入。

5G无人机植保，农药喷洒高效化。推行5G+无人机技术，通过大数据建模，利用无人机定时定点自动充电、灌装药水、喷洒农药，每分钟可完成1～2亩地的作业，每架无人机可喷洒300～600亩，喷洒效率是传统人工的30～60倍，每亩平均减少农药费支出25～30元左右，农药利用率提高了30%以上，大幅节约了成本。

搭建溯源监管系统，产品追溯透明化。在核心园区内搭建了2套5G有线枪机、2套无线球机、4台无线枪机，结合人工智能技术应用，抓拍青花椒产品生长加工过程。产品全流程透明化监管，消费者只需扫一扫产品包装上的二维码，就能清晰地看到青花椒的"体检报告"，消费者可以放心使用该绿色生态食品。

2. 中国电信5G＋智慧燃气赋能超大城市安全生命线

燃气作为重要的生产生活保障基础设施，在"双碳"和"能源革命"的大背景下，加快燃气行业基础设施投资及提升整体管控水平势在必行。

中国电信与深圳燃气集团秉承"科技创新、融合发展"的理念，将传统燃气生产运营与5G、物联网、大数据、人工智能等新技术融合，共同打造深圳智慧燃气体系，为深圳燃气全要素生产资源的"深度覆盖，实时监测，有效管控，智慧运营"提供技术基础，并成功试点5G无人化场站、5G无人机飞巡、智能燃气表智能物联等智慧应用，为未来全面智能化提升打下坚实的基础。

5G+智慧燃气数字赋能超大城市燃气安全。深圳燃气5G+智慧燃气项目以"5G全面赋能""一屏感知全局""一图承载业务""两网集采数据""两云弹性共存"为设计理念。项目依托中国电信的5G定制网,覆盖了深圳燃气在深圳地区运营的超8000千米管网、34座场站、420万终端用户,在深圳燃气拥有专属经营权的13个省(自治区、直辖市)的57座城市已完成部分部署,至"十四五"末期,项目覆盖终端用户有望达千万。

深圳燃气5G+智慧燃气项目主要包含四大系统、七大场景、五大主要功能,四大系统主要由混合云、5G专网、智慧燃气物联网及智能终端、深燃大脑构成。七大场景分为基于"云、管、边、端"承载智能气量负荷预测、智慧应急指挥与生产调度、5G+无人化场站、5G+无人机巡线、管网全方位风险感知与监测、5G+AI监测及预警。项目初步实现了智慧管网全方位感知、智慧服务个性化定制、智慧运营全过程管控,包括5大主要功能:推动管网全方位感知,实现燃气运营风险主动预警;加大无人化生产赋能,提升运营效率及可靠性;打造数字孪生管网,提高燃气运营本质安全水平;推行数字化负荷预测,夯实城市能源供应安全保障能力;搭建深燃大脑,探索应急及运营智慧化决策。

基于5G和大数据技术,城市燃气治理模式实现了由人工为主向数字化、智慧化的跃迁,在城市燃气运营效率、安全服务水平的提升,以及保障城市公共安全过程中发挥了巨大的作用。

中国电信携手深圳燃气已成为5G+智慧燃气应用场景落地的典型成功案例,对进一步提高城镇燃气管网安全、保障社会和谐,发挥了极大的促进作用。案例成功应用后,已逐步推广至其他城镇燃气行业，预期可带来不少于4亿元的经济收入，可为5G产业链创造不少于1000个工作岗位。

3. 英特尔携手当红齐天与中国移动，打造"云、边、端"融合计算架构

在以"数实融合 云智起航"为主题的2023中国科幻大会元宇宙产业峰会上，英特尔携手当红齐天及中国移动宣布开展在5G应用层面的联合探索和研究，在"千店SoReal Mini VR电竞体验空间计划"（以下简称千店计划）中进一步深入合作，携手打造全新的"云边协同、云网融合"的5G VR电竞体验空间技术解决方案，为5G VR的应用场景提供高质量的算力服务，以提高"千店计划"的部署效率和业务体验。

目前，VR技术经过多年的发展，已在工业设计、航空模拟、康复训练等领域得到了广泛应用。其中，VR游戏以其新颖有趣的交互方式和沉浸式体验受到电竞玩家的喜爱。为了让用户能以最快速度、最低成本和最佳体验领略充满魅力的元宇宙世界，英特尔、当红齐天与中国移动正全力推进"千店计划"，即在全国主要城市及商业区打造1000家SoReal Mini VR电竞体验空间。这不仅将为玩家带来一系列尖端VR体验，还可以成为各类国际VR联赛的比赛场所。

为了向玩家提供操作反馈更敏捷、视觉效果更流畅的VR电竞新体验，方案在网络构建、算力部署等方面引入全新设计，致力于打造高品质的5G"云、边、端"协同网络，为方案中VR电竞所需的算力以

及管理调度功能提供坚实的技术基座。VR电竞游戏中，系统会面临高并发的视频流和游戏数据的接入和处理，因而在短期内产生巨大的算力需求。因此，VR游戏系统需要具备灵活的算力调度能力予以应对。该方案可针对不同的应用需求，对算力进行灵活部署、按需分配；借助灵活的算力调度和数据同步机制，当游戏规模扩大时，工作负载能被灵活转移到其他节点。

基于"云、边、端"设计的5G VR边缘计算架构使得该方案既能通过算力的就近部署来大幅降低时延，也能通过强劲且可灵活调度的算力方案来提升游戏质量。该方案使用英特尔PCFarm4.0处理器。PCFarm4.0作为一种强有力的计算方案，成为部署在"云、边、端"不同应用的强劲算力引擎，可满足该方案的算力调度和算力输出需求；模块化设计可实现即插即用，使扩展现实渲染服务器的管理变得更为高效便捷。

面对算力时代下日益多元的数字化创新需求，英特尔通过不断推进技术研发与产品制造，持续为合作伙伴提供坚实的算力基础。

5.4　新质生产力推动数字经济发展

随着科技的迅猛发展，数字经济已经成为全球经济的新引擎，而新质生产力的推动成为数字经济发展的关键所在。新质生产力能够通过数字技术、创新方法和智能化工具，以更高效、更智能的方式提高生产力、创造新的商业价值和优化资源利用。新质生产力推动数字经济发展的方法如图5-1所示。

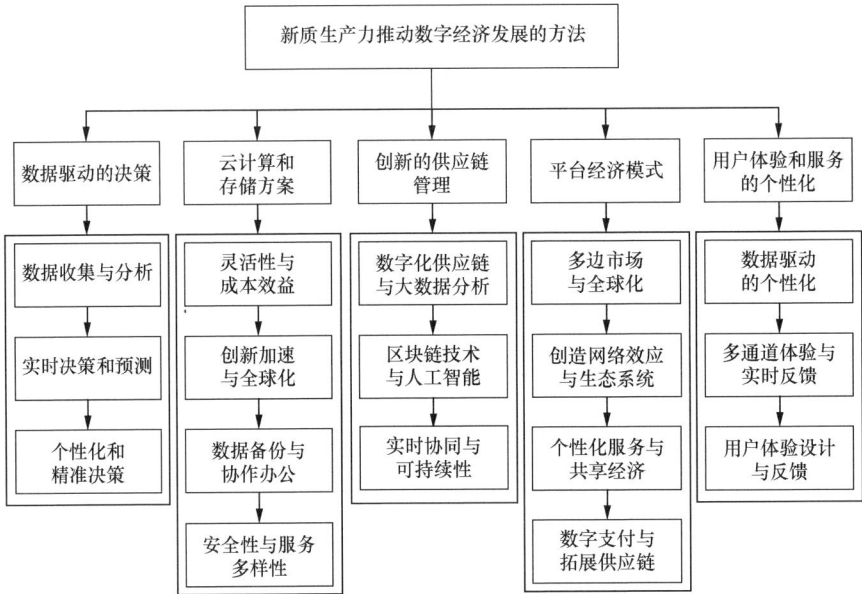

图5-1 新质生产力推动数字经济发展的方法

如图5-1所示，新质生产力代表新技术、新应用为主的新方法，在数据驱动的决策、云计算和存储方案、创新的供应链管理、平台经济模式、用户体验和服务的个性化等方面推动数字经济创新发展。

5.4.1 数据驱动的决策

数据驱动的决策是一种基于数据分析和信息获取的决策方法，企业和组织在制定战略、优化运营以及推动创新时，侧重于使用客观的数据和事实，而不仅依赖于主观经验或直觉。这一方法发挥了关键作用，通过采用数据驱动的决策方法，企业能够更好地应对快速变化的市场环境，提高决策的准确性和效率，推动数字经济的发展。

1. 数据收集与分析

数据驱动的决策始于对各种来源的数据的收集和整合，包括来自内部系统、外部市场、社交媒体等渠道的数据，企业需要有效地收集和整合这些数据，以建立全面的信息基础。一旦数据被收集和整合，下一步是通过数据分析和挖掘来发现潜在的模式、趋势和关联。数据收集、机器学习和统计分析等工具被广泛应用，以从海量数据中提取有价值的见解。这使企业能够更好地理解市场、用户、产品和业务运营等方面的情况。

2. 实时决策和预测

数据驱动的决策需要基于实时数据，通过实时监测关键业务指标，企业能够快速做出决策并及时调整战略。实时反馈还有助于评估决策的有效性，进而及时进行调整和优化。基于历史数据，可以通过建立模型预测未来的发展。这种能力使企业能够更具前瞻性地进行规划，降低风险，抓住市场机会。

3. 个性化和精准决策

数据驱动的决策使企业能够更好地了解其用户。通过深度分析用户行为和喜好，企业可以实施个性化的产品推荐、服务定制和精准营销，提高用户满意度和忠诚度。数据驱动的决策是一个持续优化的过程，通过不断收集、分析和应用数据，企业能够获取新的机会，并及时调整战略，保持竞争力。

5.4.2　云计算和存储方案

云计算和存储方案是一种现代化的计算和数据管理模式，通过云服务提供商提供的虚拟化资源，使企业和个人能够更高效地管理、存储和处理数据。

1. 灵活性与成本效益

云计算允许企业根据需求动态调整计算和存储资源，而不需要投资昂贵的硬件和基础设施。这种灵活性使企业能够更快速地适应市场变化，处理不断增长的数据量，提高生产力。企业只需要根据实际使用支付费用，这可以降低初始投资和运营成本。

2. 创新加速与全球化

云计算提供了丰富的服务和工具，可用于应用程序开发、测试和部署。这使创新变得更加容易，企业可以更快速地推出新产品和新服务。全球互联网为云计算服务提供网络服务。企业可以轻松地将业务扩展到全球，利用云计算的可扩展性来满足不同地区和市场的需求。

3. 数据备份与协作办公

云计算和存储方案提供了安全的数据备份和恢复机制，确保企业的数据得到可靠的保护。面对硬件故障或其他灾难性事件，云计算服务商也能提供高可用性和持续的数据访问。云计算提供了协作工具和远程办公解决方案，使团队能够更加灵活地工作，随时随地访问所需的应用程序和数据，在数字时代，这对于满足人们对灵活工作环境的需求至关重要。

4. 安全性与服务多样性

云计算服务提供商通常拥有高度专业化的安全团队，并且会采用最新的安全措施来保护数据。这有助于企业遵守法规要求，确保数据的隐私和完整性。云计算提供了各种各样的服务，包括基础设施即服务（Infrastructure as a Service，IaaS）、平台即服务（Platform as a Service，PaaS）、软件即服务（Software as a Service，SaaS）等。企业可以根据实际需求选择合适的服务类型，以更好地满足业务需求。

5.4.3　创新的供应链管理

创新的供应链管理是指通过引入新技术、智能化工具和先进的管理模式，对供应链进行创新和优化，以提高生产效率、降低成本、提升供应链的灵活性和透明度。

1. 数字化供应链与大数据分析

创新的供应链管理包括使用物联网设备、传感器和智能标签等技术，实现对整个供应链的实时监控和数据采集。数字化供应链有助于提升物流、库存和生产过程的可见性，减少信息滞后，降低库存成本。创新的供应链管理追求供应链的智能化，包括智能制造、智能仓储和智能物流，这些技术可以优化生产计划、减少生产周期、提高产品质量。例如，通过大数据分析技术，企业可以深入了解供应链中的各个环节，从而更好地预测市场需求、优化库存管理、提高生产计划的准确性。大数据分析技术还可以帮助企业识别供应链中的潜在问题，抓住机会，提供更具洞察力的决策支持。

2. 区块链技术与人工智能

区块链技术提供了一种透明性、安全性和"去中心化"的方式来管理供应链中的交易和信息流。其可以减少信息的不对称性和欺诈的可能性，提高供应链的可信度。引入人工智能和机器学习技术可以实现自动化，优化供应链决策过程。通过学习历史数据和实时信息，企业可以改进供应链规划，预测交货时间，优化运输路线，提高整体效率。

3. 实时协同与可持续性

通过实时协同工具和可视化技术，供应链中的各个参与方可以更紧密地协作，及时共享信息，快速响应市场变化。这有助于减少库存积压，提高生产灵活性，更好地满足用户需求。创新的供应链管理通过优化运输路线减少货物积压。通过引入敏捷和柔性的供应链管理模式，企业能够更快地调整生产计划、库存水平和交付时间，以适应市场的快速变化，提高竞争力。

5.4.4 平台经济模式

平台经济模式是指通过建立数字平台，连接不同的参与方，促成各种交易和服务的模式。平台经济模式通过建立数字平台，打破了传统产业界限，促成多方互动，推动数字经济的发展。它不仅提供了新的商业模式，还为各类企业和个体提供了数字化服务和新的商机。

1. 多边市场与全球化

平台经济模式通过数字平台，将买家、卖家、服务提供商和消费者等多个参与方聚集在一起，形成一个多边市场。这种模式通过提供一个集中的交易场所，促进了各方之间的交流、合作和交易。平台经济模式鼓励社群的建立和互动。用户可以在平台上分享经验，评价服务，建立社交网络。这种社群互动有助于增强用户黏性，提高平台的用户参与度。平台经济模式为企业提供了走向全球化和国际化的机会，数字平台能够跨越不同的国家和地区，推动数字经济的全球化发展，促进跨境贸易和合作。

2. 创造网络效应与生态系统

平台经济模式依赖于网络效应，即用户的增加会引起平台价值指数级增长。平台上用户和服务的增加，可以吸引更多的参与者，形成良性循环，提高平台的竞争力和吸引力。平台经济鼓励建立生态系统，通过开放平台接口和合作伙伴关系，吸引第三方开发者和服务提供商，打造新的应用和业务。

3. 个性化服务与共享经济

平台经济模式通过收集和分析大量的用户数据，可以提供个性化、定制化的服务。这使得平台能够更好地满足用户的需求，提高用户体验，推动数字经济中服务的创新。平台经济模式为共享经济提供了实现途径，通过共享资源和服务，平台连接了有需求的用户和有资源的提供者，促进了资源的高效利用。

4. 数字支付与拓展供应链

平台经济模式通常提供数字支付和交易解决方案，使用户能够方便、快速地进行在线交易。这有助于推动数字经济的支付方式创新，提高交易效率，促进经济活动的数字化。平台经济通过数字化平台连接不同环节的供应链和价值链，使整个产业链更加高效协同，这有助于降低交易成本，提高供应链的灵活性和可控性。

5.4.5 用户体验和服务的个性化

用户体验和服务的个性化是指通过深度理解用户需求和行为，运用技术手段，为每个用户提供定制化、个性化的服务和体验。通过采用这些方法，企业能够提升用户满意度，增加用户忠诚度，从而推动数字经济的发展。在数字时代，用户体验和服务的个性化是吸引和留住用户的关键因素之一。

1. 数据驱动的个性化

通过收集和分析用户数据，企业能够深入了解用户的喜好、购买历史和行为模式。这种数据驱动的个性化使企业能够更好地预测用户需求，为用户提供更贴近其个体化需求的服务。基于对用户数据和需求的分析，企业可以定制产品和服务，以更好地满足个体用户的特定需求，这种个性化定制不仅提高了用户的满意度，还增强了用户对品牌的忠诚度。利用机器学习和算法技术，企业可以建立智能推荐系统，根据用户的过往行为和偏好，向其推荐他们可能感兴趣的产品或服务，这提高了用户购物的便捷性和个性化程度。

2．多通道体验与实时反馈

个性化服务不仅在单一渠道上实现，还在多个渠道中提供一致的、个性化的体验。无论用户是通过线上平台、移动应用还是线下实体店，都能够获得相似的个性化服务。利用实时数据分析，企业可以实时了解用户的行为和反馈，迅速调整服务和产品策略，这种实时反馈机制使企业能够更加灵活地适应市场变化和用户需求。通过与用户建立更紧密的互动关系，企业可以更好地了解用户的期望和需求。用户参与的模式包括调查、社交媒体互动、用户反馈等，这些都有助于形成个性化的服务。

3．用户体验设计与反馈

设计愉悦和独特的用户体验是关键的一环。企业应建立一个完整的用户反馈闭环系统，及时收集、分析和响应用户反馈，这有助于不断优化服务，并展现企业对用户需求的关注和尊重。利用人工智能和自然语言处理技术，企业可以提供智能客服和虚拟助手服务，为用户提供即时的个性化支持。

5.4.6 新质生产力推动数字经济发展的案例与启示

根据前述研究，新质生产力强调科技创新、数字化转型和产业升级，为各行各业带来了新的发展机遇。

1. 软件行业：科创板新质生产力的典型代表

我国软件行业近年来呈爆发式增长，不仅在数量上，也在质量上成为新质生产力的典型代表。据统计，科创板数字经济产业渗透率不断提高，已汇聚逾70家数字经济领域上市公司，总市值超过4000亿元。这些企业覆盖云计算、大数据、网络安全等细分赛道，展现出新质生产力在软件行业的广泛应用和巨大潜力。

例如，国产软件金山办公推出了具备大语言模型能力的人工智能应用平台WPS AI，并开始公测。这一创新举旨在通过开放赋能，助力企业构建新型智能组织团队，实现智能化。国产网络安全企业安恒信息推出基于大数据分析的安全态势感知平台，并应用于多个行业。通过多维度勒索查杀引擎，对高隐蔽性的勒索行为进行阻断，提供全网安全预测与抵抗能力。

2. 电力行业：电力数据增长反映新质生产力蓬勃发展

随着新能源技术的不断突破和智能电网的建设，电力行业迎来一场深刻变革，近年来，我国电力数据高速增长，科研和技术服务用电量平均增速10.2%，科技推广和应用服务用电量平均增速12.7%，高技术及装备制造业用电量平均增速为9.7%，其中，新能源汽车整车制造用电量增速接近50%，显示出新能源汽车产业强劲的发展势头。数字产业用电量平均增速10.6%，其中，信息传输、软件和信息技术服务业用电量增速超过70%，显示出以5G技术、数据中心为代表的新型数字基础设施的快速发展，为数字经济发展提供强有力的支撑。

3. 电子商务行业：新质生产力让传统商业模式焕发生机

国内电子商务的领先企业阿里巴巴利用大数据技术提升商业决策的准确性和效率，通过收集分析大量消费者数据，准确预测市场趋势，优化库存管理，并为入驻商家提供定制化营销策略，优化供应链管理和物流操作，提高消费者体验，改变了搭建商务平台吸引商家入驻的传统模式。

4. 新质生产力应用的启示

加强科技创新引领。新质生产力的核心在于科技创新。各行各业应加大研发投入、加强关键核心技术的攻关和突破，推动技术成果转化和应用。同时，政府应加大对科技创新的政策支持和资金投入，营造良好的创新生态。

推动智能化转型升级。智能化转型升级是新质生产力应用的重要方向，各行各业应积极推动传统流程的自动化、信息化和智能化，提高生产效率和产品质量。同时，加强智能化人才培养与引进，为智能化转型升级提供有力的人才保障。

促进产业升级与协同发展。新质生产力的应用不仅有助于数字经济的快速发展，更有助于产业升级和协同发展。各行各业应加强产业链上下游创新与协同，加强区域间合作与协同，形成以上带下、以上促下、以强带弱、以强促弱的合作与协调新格局。构建完整的产业链和生态体系，共同发力，共同发展。同时，政府应加大对战略性新兴产业的培育和支持力度，不断推动产业结构优化和升级。

5.5 小结

本章重点研究了新技术演进下的数字经济、新动能机制下的数字经济、数实融合以及新质生产力推动数字经济的案例与启示。中国式现代化是一项系统工程，而新质生产力则是这项系统工程的"经络"，贯穿于中国式现代化的各个方面。中国式现代化与西方现代化有很大不同，是一个工业化、城镇化、农业现代化、信息化"并联式"发展过程，而并联的主线就是要靠以科技创新为主导的新质生产力的发展。

通过阅读本章，读者能够清晰地了解到数字经济在新质生产力的赋能下，用科技创新的"牛鼻子"实现新技术的网络化、平台化、智能化、智慧化，不断创造新产业、培育新动能、形成新优势，推动经济实现高质量发展。

第 6 章

新质生产力推动数字经济步入康庄大道

党的二十大报告强调，加快发展数字经济，促进数字经济与实体经济深度融合，打造具有国际竞争力的数字产业集群，这明确了未来数字技术、数字经济与实体经济的发展重点与发展方向。中国式现代化关键在科技现代化，本质上是在科技创新激荡下实现的由传统生产力向新质生产力转型发展的过程，没有高水平科技自立自强，中国式现代化这篇大文章难以顺利写下去，我们也难以从大国走向强国。因此，新质生产力是解放和发展生产力的时代结晶，它对于推动实现中国式现代化具有重要意义。本章作为本书的最后一个章节，将在前边几章对数据要素、数字经济、新质生产力等研究的基础上，对新质生产力推动数字经济步入康庄大道提出建议、展望与预测。

6.1 新质生产力推动数字经济发展建议

生产力是推动社会进步最活跃的要素之一，生产力发展是衡量社会发展的带有根本性的标准。在新时代的关键时期，以新的生产力理论指导高质量发展，建立与生产力发展要求相适应的生产关系，完整、准确、全面贯彻新发展理念，以创新驱动带动数字经济整体发展，不断提升企业的综合竞争力，加快发展新质生产力，是中国式现代化全面推进强国建设、民族复兴伟业的关键任务，是推动高质量的重要举措。

6.1.1 制定数字经济的长期规划

数字经济不仅是增加国家竞争力的关键因素，也是推动社会和经济发展的重要引擎，制定一项全面的、长期的数字经济规划尤为重要。这一规划应涵盖激发数字经济创新、促进数字化教育和技能培训、加强数据保护和隐私安全以及推动数字经济国际合作等方面。

1. 激发数字经济创新

激发数字经济创新是推动数字经济发展的核心。因此，需要通过多种激励措施（例如税收优惠、创新基金和研发补贴等），刺激企业和个人投身于新技术的研发和应用。这些激励措施不仅能减轻企业的财务负担，还能激发市场活力。应支持高科技企业和初创企业，这些企业拥有的突破性的创新思维和技术，是推动数字经济发展的重要力量。此外，鼓励跨领域的技术融合，例如，将人工智能技术应用于传统制造业，将大幅促进新技术的广泛应用和行业的转型升级。

2. 促进数字化教育和技能培训

促进数字化教育和技能培训对于构建数字经济同样至关重要。现代劳动力市场需要大量掌握数字技能的人才，因此，在教育体系中融入数字技能培训十分必要，这包括但不限于编程、大数据和人工智能等领域的教学。学校应加强与企业的合作，为学生提供实践的机会，这不仅有助于学生更好地理解和运用所学的知识，也有利于学生更快地适应数字化的工作环境。此外，对在职人员进行持续的技能培训，帮助他们适应快速变化的技术环境，对于提升劳动力市场的竞争力也是必不可少的。

3. 加强数据保护和隐私安全

加强数据保护和隐私安全对于维护数字经济的健康发展是至关重

要的。随着数字技术的广泛应用，有关数据保护和隐私安全的挑战日益突出。因此，制定严格的数据保护法规，不仅能保障个人和企业的信息安全，还能增强公众对数字技术的信任。此外，加大对网络安全的投入，包括技术、人员和法律方面的支持，也是保护数字经济免受网络攻击和数据泄露等威胁的关键。

4. 推动数字经济国际合作

推动数字经济国际合作是应对全球数字挑战、促进数字经济全球化发展的必要途径。通过与其他国家建立合作关系，可以共享实践经验，协调数字政策，推动跨境数据流通和数字产品与服务的国际交易。数字经济国际合作不仅有利于各国共同应对数字时代的挑战，例如网络安全、数据隐私保护等，还能促进全球数字经济市场的健康发展。

6.1.2 加强数字基础设施建设

在数字时代，加强数字基础设施建设是推动社会和经济发展的关键。作为全球化和技术进步的核心，数字基础设施的优化和扩展对于提高居民的生活质量、促进商业创新和保障国家安全是至关重要的。

1. 加快宽带网络扩展

当前，网络已成为人们生活中不可或缺的部分，无论是在线教育、远程工作还是数字娱乐，高速且稳定的网络连接已是基本需求。通过扩展宽带网络的覆盖范围，不仅可以提高居民的生活质量，还可以促进当地经济的发展。同时，提高网络的速度和稳定性也是提升网络服务质量的关键。

2. 加快高效能的数据中心建设

随着大数据、云计算和人工智能等技术的发展，对数据处理能力的需求爆发式增长。因此，支持建设高效能、低能耗的数据中心尤为重要。高效能的数据中心不仅可以提供更强大的数据处理能力，还可以降低运行成本。此外，鼓励采用绿色能源和先进的冷却技术来减少数据中心对环境的影响，不仅有助于保护环境，还能提高全社会对新技术的接受程度。

3. 加快 5G、6G 网络发展

5G网络提供了更高的速率和更低的时延，这对于许多新兴技术（例如自动驾驶汽车、远程医疗和物联网等）是必不可少的。加快5G网络的部署和普及，加速推进6G网络研究和标准制定，可以提升消费者的网络体验。例如，在远程医疗领域，5G网络可以使医生即使身处千里之外，也能进行精确的诊断和治疗。在构建智慧城市的过程中，5G网络能够实现更加高效的数据传输和处理，从而优化城市管理和服务。

6.1.3 优化数据管理和隐私保护法规

在数字时代，数据已经成为一种极其宝贵的资源，与此同时，数据管理和隐私保护的问题也日益凸显。

1. 明确数据所有权

明确数据所有权意味着需要制定一套清晰的指导方针，这些方针应当界定在数据的产生、存储和使用的过程中个人与企业的权利和责任，这有助于划定责任边界，确保数据处理活动的透明度和可追溯性。

2. 制定数据使用规范

制定数据使用规范很有必要，这不仅有助于防止数据的滥用，还能够保护用户免受潜在的隐私侵犯。对于敏感数据，例如个人身份信息、健康记录等，应该实施更严格的管理措施和高标准的保护策略。例如，对于处理敏感信息的企业和机构，应要求它们在数据处理的过程中采取更高级别的加密措施，以及实施更严格的访问控制。

3. 强化用户数据隐私保护

强化用户数据隐私保护是构建数据安全生态系统的关键，这意味着企业需要增强数据隐私保护意识，在产品和服务的设计阶段就将数据隐私保护纳入其中。例如，在开发新的应用程序时，开发者应该考虑如何将用户数据的收集和使用的影响降到最低，并确保收集的数据得到妥善保护。

6.2 新质生产力推动数字经济发展展望

为全面贯彻党的二十大精神，按照中央经济工作会议部署，推动数字技术和实体经济深度融合，不断做强做优做大我国数字经济，通过数字化手段促进解决发展不平衡不充分问题，推进全体人民共享数字时代发展红利，助力在高质量发展中实现共同富裕，2023年12月，国家发展和改革委员会、国家数据局印发《数字经济促进共同富裕实施方案》，其部署了推动区域数字协同发展、大力推进数字乡村建设、强化数字素养提升和就业保障、促进社会服务普惠供给4个方面重点举措，从加强组织领导、强化要素保障、建立评价体系、加大宣传力度4个方面提出了保障措施，确保目标任务落到实处。

6.2.1　人工智能和机器学习

人工智能和机器学习在数字经济中扮演着重要的角色，特别是在数据分析、消费者行为预测以及自动化决策过程中。未来几年，这些技术的发展可能会带来以下3个方面的变化和挑战。

- 数据分析的深化应用：随着算法的进步，人工智能和机器学习将能够处理更加复杂的数据集，提供更深入的见解。这不限于数值数据，还包括对图像、声音和非结构化数据的分析。

- 消费者行为预测的精准化：通过分析大量的消费者数据，人工智能可以帮助企业更准确地预测市场趋势和消费者需求，从而制定更有效的市场策略。

- 自动化决策的普及：人工智能的决策制定能力将逐步提高，能够在金融、医疗和制造等多个领域中提供支持。这将要求相关法律法规的完善，以及对决策透明性和公正性的把控。

6.2.2　区块链技术

区块链技术因其透明性、安全性和"去中心化"的特征，在数字经济中具有巨大潜力，未来的应用可能包括以下内容。

- 数据安全的增强：随着数据泄露和网络攻击事件的增加，区块链在提供安全的数据存储和传输方面的作用将更加凸显。
- 供应链管理的优化：通过区块链技术，供应链的每一个环节都可以被记录和验证，这将极大提高供应链的透明度和效率。
- 数字货币的普及：随着技术的成熟和监管的完善，数字货币可能会逐渐成为主流的支付方式，尤其是在国际贸易和跨境支付中。

6.2.3　云计算和边缘计算

云计算和边缘计算将继续革新IT基础设施，预期的变化包括以下内容。

- 计算资源的高效配置：随着更多企业采用云计算，云服务提供商需要不断创新，以提供更高效、更经济的服务。
- 大数据和物联网的支持：云计算和边缘计算在处理大数据和支持物联网设备中扮演着关键的角色，使数据分析和设备管理更加实时和高效。

6.2.4　数字金融的发展

数字金融的发展将带来的变化包括以下内容。

- 移动支付的普及：移动支付将继续代替传统支付方式。

- 数字货币的发展：随着技术的成熟和监管的完善，数字货币可能在全球范围内得到进一步的发展和应用。

- 金融科技创新：新的金融科技，例如区块链、人工智能在传统金融服务中的应用，将推动整个金融行业的革新。

6.2.5　数字化转型的深化

在当前的商业环境中，数字化转型已经成为企业发展的关键因素。随着技术的不断进步，尤其是大数据和人工智能的迅猛发展，企业必须应用这些技术以保持竞争力。

- 大数据的应用：大数据技术使企业能够处理和分析大量的数据，从而进行深入的市场洞察和用户行为分析。这不仅有助于改善产品和服务，还能优化市场定位和营销策略。例如，通过分析消费者的购买行为，企业可以更准确地预测市场趋势，制定相应的产品开发和库存管理策略。

- 人工智能的集成：人工智能技术的应用不限于自动化和效率提升，它还能为企业在复杂的决策过程中提供支持，例如，通过机器学习模型预测市场动态，提供个性化的用户体验等。人工智能可以通过聊天机器人为用户提供“7×24”小时的服务，同时收集有关用户需求和偏好的数据，进而提升用户的满意度和忠诚度。

- 创造新的商业模式：数字化转型不仅改进了现有流程，还为企业提供了开发新产品和服务的机会，甚至改变了现有的商业模式。

例如，通过利用云计算和移动互联网技术，一些传统行业的企业能够开发出基于订阅的服务模式，从而吸引更广泛的用户群体。

6.2.6 跨境电子商务的增长

跨境电子商务的增长为企业提供了进入国际市场的机会。这种商业模式的增长主要受益于经济的全球化和网络技术的发展。

- 提高物流效率：有效的物流系统是跨境电子商务成功的关键。企业需要建立高效的供应链管理体系，以确保产品能够快速、安全地送达国际用户。此外，实时物流跟踪和优化库存管理也是至关重要的，可以减少运输的时间和成本。

- 适应不同国家的法律法规：不同国家有着不同的法律和监管要求。企业需要了解和遵守这些要求，以避免潜在的法律问题。这包括但不限于消费者保护法、数据保护法、进出口关税和税收政策等。对于跨境电子商务企业来说，合规是保持业务持续运行的基础。

- 市场和文化适应性：进入国际市场还意味着需要理解和适应不同的市场和文化。这可能涉及修改产品特性以满足不同地区的需求，或者调整营销策略以更好地与当地消费者沟通。例如，一些品牌可能需要考虑不同国家对产品包装的不同偏好，或者在广告中使用不同的文化元素以提高品牌的影响力。

6.3 新质生产力推动数字经济发展前景预测

数字经济是21世纪全球经济的重要力量，而新质生产力作为数字经济发展的引擎之一，正在深刻地改变着产业格局、商业模式和社会生活。

我们认为，新质生产力作为数字经济发展的推动力量，将在未来塑造数字经济的新格局。同时，数字经济高质量发展也将加快培育新质生产力。两者相辅相成，缺一不可。通过对产业互联网、算力产业、数字金融和数字治理领域的前景预测，可以更清晰地看到新质生产力将如何引领技术、产业和社会的全面升级。各行各业应积极拥抱新质生产力，不断创新，推动数字经济持续繁荣发展。

6.3.1　产业互联网前景预测

产业互联网作为数字经济的重要组成部分，将迎来全新的发展前景。产业互联网将更加注重技术创新、商业模式的升级以及跨行业的融合创新，智能制造和物联网技术的广泛应用将使生产流程更加智能化和高效化，为各个产业注入全新的发展动力。同时，在新质生产力的作用下，产业互联网将成为不同行业间信息共享、资源协同的平台，从而实现跨领域、跨行业的创新合作。这种协同效应将加速产业互联网的发展，使各行各业在数字化转型中实现更好的整合和优化，企业也将更加注重数字技术的应用，推动传统产业迈向数字化、网络化和智能化。这种数字化转型将带来生产关系、市场交易和服务模式等多个层面的变革，反过来又使产业互联网在数字经济中发挥更重要的作用。新质生产力的引入也将加速产业互联网向智能化的方向演进，从而提升整体的生产效益。随着物联网设备、传感器技术的广泛应用，企业可实现对生产过程的全方位监测和实时调整，从而提高生产效率和产品质量。

在数字时代，新质生产力助力产业互联网的发展，将引领工业领域迈向新的发展阶段。新质生产力将运用新的数字技术和信息化手段不断提升生产效率、优化资源配置、加强智能制造，为产业互联网提供技术支持和基础设施，促使工业生产进入数字化、智能化的时代。

产业互联网为数据的收集、存储、分析和应用提供了技术支持和平台基础。未来，数据驱动的智能化生产将成为产业互联网发展的重要趋势。通过连接各类传感器和设备，可实时采集、分析和利用生产数据，结合云计算、大数据、人工智能等新一代信息技术实现智能化生产决策和优化。这将使生产过程更加高效、精准，并大幅提升生产效率和产品质量水平。未来，随着大数据、人工智能等技术的进一步发展和应用，数据驱动的智能化生产将不断演进和完善，为工业生产带来更加显著的效益和价值。

新质生产力助力产业互联网推动制造业数字化转型加速。智能制造、数字工厂和智能供应链等概念将逐渐成为制造业的主流趋势。企业将更加关注数字技术的应用，提升生产过程的智能化水平，提高产品质量和生产效率。同时，制造业将积极探索数字化服务模式，加强与互联网企业的合作，实现产业链的全面数字化和智能化升级。

新质生产力助力产业互联网促进新产业生态的形成。以人工智能、物联网、云计算等为代表的新一代信息技术将与传统制造业深度融合，孕育出一批新兴产业。这些新兴产业将以数字化、智能化为核心竞争力，为工业发展注入新的活力和动力。同时，传统产业也将实现升级和转型，走上更加智能化和高效化的发展道路。

产业互联网将进一步推动智慧供应链的构建与优化。通过互联网技术、大数据分析等手段，实现供需双方的实时连接和信息共享，提高供应链的灵活性和响应速度。未来，智慧供应链将更加注重信息的流动和价值的创造，实现供应链的全球化、智能化和可持续发展。智慧供应链将成为制造业的重要战略工具，推动供应链管理向智能化和敏捷化的方向发展。

产业互联网将催生一系列智能化的服务模式。通过分析设备的数据，企业可以提前发现并预防设备故障，降低生产中断的风险，提升设备的利用率和可靠性。同时，基于产业互联网技术，智能服务也在不断升级，为企业提供更加个性化的服务，例如预测性维护和远程监控等，从而进一步降低成本，提高生产效率。

新质生产力助力产业互联网推动全球产业链的重构和升级。产业互联网使全球供应链更加灵活和智能，企业可以更加便捷地利用全球资源、协同全球合作伙伴，实现全球化生产布局和市场拓展。同时，智能制造的兴起也将带来全球产业链的重组，优化资源配置和生产布局，提高全球产业链的整体效率和竞争力。

新质生产力将助力产业互联网为工业领域带来深刻变革。数据驱动的智能制造、供应链数字化与智能化、智能化生产服务、制造业智能化转型以及新型产业生态的崛起，将成为未来工业发展的重要趋势。新质生产力将持续推动产业互联网的蓬勃发展，为实现工业高质量发展和经济持续增长注入新的动力。

6.3.2　算力产业前景预测

算力产业将更加注重人工智能、机器学习等技术的研发和应用，以降低能耗，提高计算效率，更智能、更高效地处理算法和数据，从而推动整个算力产业进入新的发展阶段。同时，数据中心技术的演进将引领高性能计算的发展。通过新一代芯片技术和量子计算的创新，算力产业将提升计算能力，加速大规模数据的处理和分析，为科学研究、工程仿真和人工智能等领域提供强有力的支持。此外，随着物联网的普及，新质生产力将推动边缘计算技术迅速发展，以满足数字经济对实时性和响应速度不断提升的需求。在可持续发展方面，新质生产力将促使算力产业朝着绿色和可持续的方向发展。注重使用绿色能源，提高能效设计，算力产业将追求更绿色、环保的运营方式，实现可持续发展。

新质生产力正在深刻地改变着各行业的发展格局，其中算力产业作为信息技术领域的核心之一，展现出巨大的发展潜力。以云计算、人工智能等为代表的先进计算技术与数智化机器设备、数智化劳动者等新要素紧密结合，形成新的生产力形态。

2023年，ChatGPT引起了新一轮人工智能热潮，开启了由大模型驱动的AIGC时代。大量的中国企业开始探索 AIGC[1]在企业内的应用机会。新质生产力将推动人工智能技术不断发展演进，更强大的计算能力将为人工智能算法的训练和推理提供更大的支持。人工智能领域的计算技术和应用趋势也随着新质生产力与产业的紧密结合发生较大的变化。

大模型和AIGC的发展加速了更高计算性能、更快互联性能的算

1　AIGC：Artifical Intelligence Generated Content，生成式人工智能。

力基础设施建设，推进人工智能在"云、边、端"的覆盖，此为计算范式之变；AIGC可重构现有的工作方式，在内容创作、自动驾驶、零售和医疗等诸多领域改变人们的生产和生活方式，同时带来更多的市场机会，此为产业动量之变；企业普遍使用人工智能数据中心设施和生成式人工智能服务器集群，算力服务供应商提供定制化基础设施服务，满足单个用户对训练和推理资源的独占式、大规模和长时间使用的诉求，同时帮助用户实现成本控制，此为算力服务格局之变。

算力产业具有面向新领域、创新技术含量高等特征，是知识密集型新兴产业。构建算、存、运协同的算力产业体系，是推动先进计算技术、数据存储技术和网络通信技术协同创新的动力，是融合三大产业生态提升国际竞争力的引擎，是加快形成新质生产力、建设科技强国的保障。以下4个着力点指明算力产业发展的前进方向。

第一，产业发展，标准先行。建议通过"行标""团标"或发布"算力中心建设指南""白皮书"等形式，给出适当的行业标准；提出"运力"应该具备的参数指标；提出算力应支持本土人工智能模型的要求等。应避免片面追求某个指标，应该均衡部署，均衡发展，抢占新一轮科技革命和产业变革的制高点。

第二，政策引导，加强创新。支持国产自主可控的网络设备，促进网络核心技术自主创新。人工智能算力应优先支持本土的人工智能平台，以此带动国内相关技术平台和软硬件的发展。要重视对算、存、运相关技术产品和服务的测评，目前，国内的技术已经具有很强的竞争力，应通过公平、公正、公开的测评支持国产技术。人工智能算力中心的每个环节，都要基于科学客观的测评，实现自主创新，确保供应链安全。

第三，**产业发展，人才为先**。存储、通信和计算产业都是技术密集型产业。在高校增设与算力相关的专业、课程和实验室等，扩大人才培养规模，并通过激励机制、公共服务等方面聚集国内外的优秀人才。

第四，**集聚产业，协同攻关**。建议将人工智能中心的算力、存力和运力纳入产业链体系，以更好地统筹资源，实施上下游产业协同，促进科技创新和产业生态发展。尽快整合统一的人工智能算力产业链，推进算、存、运高效协同，提升我国人工智能算力中心的国际竞争力。

新质生产力的崛起将持续推动算力产业迈向更加繁荣的未来。通过制定行业标准、政策引导、人才培养和产业协同攻关等举措，算力产业将不断创新发展，为数字时代奠定坚实的基础，引领未来产业的前进方向。

6.3.3　数字金融前景预测

数字金融作为数字经济的支柱之一，将在新质生产力的助力下迎来更广阔的发展前景。新质生产力将深刻影响金融行业的商业模式，推动金融科技的创新与应用，重塑用户体验。金融科技推陈出新地发展更先进的支付技术、区块链解决方案和智能合约等，加速金融服务的数字化和智能化，为用户提供更便捷、高效的金融体验。

1. 扩大金融服务的范围

充分发挥新质生产力的推动作用，金融机构能够使金融产品和服务数字化，包括在线银行、电子支付和虚拟信用卡等。数字化的金融产品将涉及更广泛的用户群体，为其提供更便捷的服务。

金融机构通过引入人工智能和机器学习，可以实现智能投资和理财服务。自动化、智能化的投资和理财服务能够更好地适应用户的风险管理水平和财务目标，并提供更加个性化的理财建议。

金融机构利用大数据和区块链技术，可以更好地评估个人或小企业的信用，从而提供贷款和微金融等服务。

金融机构利用区块链和数字技术，可以提供快速、便捷、低成本的跨境支付和汇款服务，促进全球贸易和跨国业务，扩大金融服务的国际范围。

2. 提升数字金融的决策水平

通过大数据分析算法和工具，金融机构能够更快速、准确地挖掘和分析海量金融数据，以提取有价值的信息。金融机构能够更好地理解市场趋势、用户需求和风险因素，从而做出更明智的决策。

金融机构利用人工智能和机器学习算法来预测市场走势、识别潜在风险、优化投资组合，从而提高决策的准确性，降低人为误差。

金融机构通过人工智能和大数据技术，提供更全面的金融服务，包括预算规划、债务管理和退休金规划等，这将提高个人和家庭的财务素养，拓展金融决策的广度和深度。

3. 助力数字金融流程自动化并降低金融交易成本

金融机构通过云计算提供具有弹性且可扩展的计算和存储能力，能够更有效地管理和处理大量数据，通过云计算将实现自动化的金融数据存储、处理和分发，提高系统的灵活性和响应速度。

数字金融机构利用自然语言处理技术理解人类的语言，能够更好地与用户互动，自动处理用户的查询、投诉和服务请求。

金融机构利用实时处理技术，实现更快速的交易处理和结算，提高用户的体验。

金融机构通过电子支付，将减少传统金融交易的时间和成本；通过提供快速、便捷和低成本的支付和结算方式，可以显著减少交易的运营成本。

4. 优化数字金融的风险管理

金融机构利用机器学习算法，能够搭建更准确的风险预测模型，从而提前识别信用风险、市场波动和其他潜在的威胁，并采取预防性措施。

金融机构通过进行复杂、全面的模拟测试和压力测试，评估在各种场景下的风险点，为制定有效的风险管理策略提供支持。

金融机构通过对金融市场和业务状况进行实时监控，及时获取信息让决策者更快地做出反应，降低信息滞后造成的损失。

5. 提升数字金融的服务水平

金融机构通过基于人工智能的智能客服或虚拟助手，为用户提供实时响应和解决问题的能力。智能客服或虚拟助手能够处理常见问题，提供个性化建议，提高用户服务的效率和可用性，并使金融服务过程更加便捷。

金融机构通过大数据分析和机器学习，可以更好地了解用户的需求和行为模式；通过个性化的推荐、定制化的服务，提供更符合用户期望的个性化金融体验，从而提升用户的满意度。

6.3.4 数字治理前景预测

数字治理是可持续发展的关键环节，而新质生产力将在数字治理中发挥重要的作用。未来，政府机构将更广泛地应用人工智能、大数据等技术，打造更智能、高效、透明的治理模式。从智慧城市到智能交通，政务智能化将深刻改变城市治理的面貌。与此同时，随着数据规模的不断增长，数据隐私保护也将成为数字治理的重点。政府和企业将加强对个人数据的合规管理，推动数据隐私法律法规的完善，确保个人隐私得到保护，构建更加安全可靠的数字治理环境。

未来的数字治理将更加依赖于跨领域的数据整合能力和智能分析技术，以打造出更加精准、响应式的治理体系。这将优化资源分配，实现更加公平、透明的社会治理。数字治理体系将能更好地响应公民的需求，提升公共服务的质量，并推动全球可持续发展。

1. 数据赋能决策：大数据分析和共享驱动的数字治理

大数据分析和共享是数字治理的重要驱动力。通过深入挖掘和分析海量数据，政府和企业能够更全面地了解社会现象与市场趋势，为政策制定和决策提供科学依据。例如，在建设智慧城市的过程中，通过大数据分析和共享，城市管理者可以更好地了解城市的运行状况，包括交通流量、公共安全等，从而优化城市规划和管理。同时，数据的共享促进了信息的流通和合作，增强了不同部门和机构之间的协作，提高了治理效率和响应速度。在数字治理的背景下，大数据分析和共享不仅提升了决策的科学性和准确性，还打破了"资源孤岛"，有助于构建更加透明、高效和公正的治理体系，推动我国经济高质量发展。

2. 法律与监管：构建数字时代的治理框架

构建数字时代的治理框架，需要政府坚持将制度优势和科技优势相结合，加快推进法治领域数字化和智能化的进程，开辟法治建设新领域和新赛道，塑造法治发展的新动能和新优势。通过大力发展数字警务、数字司法、数字检察和数字法律服务等相关领域，实现数字治理有法可依、有法必依。

构建数字时代的治理框架，需要政府完善相关的法律法规，保护公众和企业乃至国家的数据安全。在大数据时代，小到公众日常生活中的通信信息、浏览记录、活动轨迹，大到公司的决策文件、财务报表，甚至国家的相关政策都会成为数据窃取者的目标。数据窃取者利用现有法律监管的漏洞非法窃取数据，会对公众的人身安全乃至国家安全造成严重威胁。应构建完善的数据保护法规，加强政策监管，坚决不给不法分子可乘之机。

3. 数字参与合作：促进公众参与社会治理

在数字时代，数字参与合作对于促进公众参与社会治理具有重要的作用。首先，对于公众，数字技术为公众参与提供了新的机会和平台，例如，在线投票、网络问卷调查、社交媒体平台等工具可以促进公众就重要议题发表意见和建议，使决策过程更加开放和民主。与此同时，数字教育和培训可以提高公众的数字素养，能够使公众更有效地参与数字治理和社会治理的转型，这种参与方式可以提高公众对政府的信任感。

4. 数字治理的全球共识：国际合作与标准制定的推动力

国际合作对数字技术的创新和共享起到极大的促进作用。通过共享最佳实践、技术合作和技术转让，可以加速数字治理的发展和应用。但国际合作仍存在诸多问题，需要国际社会加强合作，共同制定数字治理的国际标准和规则，努力解决跨国数据流动、隐私保护等问题。首先，数字治理需要各国政府、国际组织和利益相关方之间开展合作。通过建立国际合作机制，搭建平台，促进信息共享、经验交流和政策协调。其次，数字治理需要制定全球性的标准和规范，以确保不同国家和地区的数字系统与平台之间的互操作性和兼容性。国际合作可以推动标准制定，促进数字技术的全球互联互通。通过国际合作，数字治理可以更好地应对全球性的挑战，为全球经济带来更大的利益和机遇。

6.4 小结

数字经济的未来充满机遇与挑战。政策制定者、企业和技术创新者需要共同努力，促进数字经济的健康、可持续发展。通过持续的技术创新、合理的政策引导和市场的积极参与，数字经济将为社会带来更多的福利和机遇。在这个过程中，我们必须认识到，数字经济并非单一的概念或固定的模式，它是一个不断演进的生态系统，涵盖从云计算、大数据、人工智能到物联网等多个领域的技术进步。每一项技术的突破都可能引领新的产业变革，带来前所未有的商业模式和服务形态。

在数字经济的浪潮中，数据成为新的生产要素，对数据的收集、分析和应用正在成为推动经济增长的关键。数据的价值在于其能够指导决策，优化流程，甚至预测未来趋势。这也带来了数据安全和隐私保护的问题。因此，政策制定者需要制定法律法规来保护个人数据，同时不妨碍数据的合理利用。

我们在本章从新质生产力推动数字经济发展的建议、展望与预测3个方面提出了一些观点，希望对读者有所启发。

数字经济作为一种新型经济形态，其核心特征与新质生产力高度契合，数字经济孕育了大量的新兴产业和创新企业，与新质生产力的载体是新产业不谋而合。数字经济促进传统产业高效、绿色转型升级，与新质生产力高质量发展目标高度一致。面对新一轮科技革命和产业变革的历史挑战与机遇，我们应当积极拥抱，不断加强创新，提升数字经济发展水平，进一步释放新质生产力潜能，推动经济社会可持续、高效率、高质量发展。

－ 后记 －

　　2023年9月，习近平总书记在黑龙江调研并主持召开新时代推动东北全面振兴座谈会上极具前瞻性地指出："积极培育新能源、新材料、先进制造、电子信息等战略性新兴产业，积极培育未来产业，加快形成新质生产力，增强发展新动能。"新质生产力是经济发展的新起点、新动能，其规模和速度取决于当下，决定着未来。习近平总书记高瞻远瞩、以全球视野积极谋划新时代东北全面振兴和中国的长远发展，提出了新质生产力这一全新的概念，具有极其重要的意义。

　　新质生产力的提出，不仅丰富了马克思主义生产力理论的内涵，还为新时代全面推进我国经济持续健康、高质量发展提供了科学理论指导和行动指南。本书作者来自中国通信企业协会、华南理工大学、大连理工大学、北京邮电大学、武汉大学、中国联通研究院等单位，结合自身工作，对新质生产力、数字经济发展以及促进经济发展等方面进行系统研究，并形成阶段性成果。

　　在新质生产力的引领下，我国可以更好地整合科技创新资源，发展战略性新兴产业和未来产业，实现经济持续、健康和高质量发展的目标。我国长期以来高度重视科技创新和信息技术，并在信息通信技术、人工智能、大数据等领域取得了显著的成就，助推我国数字经济的崛起。与此同时，数字经济在国际上的重要性正日益凸显：数字经济推动了全球产业结构的变革；数字经济改变了国际贸易格局；数字经济强化了国家的竞争力；数字经济对社会生活产生广泛而深远的影响。我国的数字经济规模在国内生产总值中占比近40%，已经成为国民经济的重要支柱。

近些年，我国在数字经济多个领域的发展方兴未艾。本书的第一章从数字经济重要的组成部分——数据要素入手，详细介绍了数据要素发展的优势、风险、挑战以及对数字经济的促进作用。第二章从国外和国内两个维度详细介绍了数字经济的特征、挑战及应对策略。第三章详细介绍了数字经济在产业互联网、算力能力建设、数字金融、数字治理等方面的创新实践。通过对数据要素、数字经济发展与实践的分析可以看出，随着数字经济的发展和竞争的加剧，传统产业面临着转型升级的压力，需要依靠科学技术创新、管理模式创新等提高生产效率和经济效益，增加竞争力，实现高质量发展。新质生产力通过融入先进的科学技术、创新管理模式和数字化手段，将赋能数字经济发展。本书的第四章详细介绍了新质生产力理论的形成过程、定义等，提出了作者对新质生产力"六新三质与七化"的理论认识及理论研究公式。第五章详细介绍新质生产力以科技创造为引领，不断开辟发展新领域、新赛道，推动数字经济发展欣欣向荣。第六章对产业互联网、算力产业、数字金融与数字治理等重点领域发展前景进行预测。

新质生产力的崛起对全球经济和社会产生了深远的影响，它改变了传统生产方式，提高了生产效率和产品质量，同时也带来了更多的就业机会和经济增长点，新质生产力推动数字经济发展欣欣向荣。本书详细介绍了新质生产力推动数字经济发展的相关理论、方法和案例，包括：从新技术演进的特征、技术的变革与发展、新质生产力与数字经济相互促进的角度剖析新技术演进下的数字经济；从新动能的概念与发展、新质生产力与新动能、新动能机制激活数字经济的角度分析新动能机制下的数字经济；从数字经济与实体经济的关联、数实融合的必然趋势、新质生产力对数实融合支撑作用的角度阐述构建数实融合发展新格局。通过本书，希望能够让更多读者认知并了解数字经济与新质生产力。正如前言所述：让新质生产力这颗"种子"种在每个人心中，让大家成为践行新质生产力发展的"育苗人"，最终开出新质生产力创新之"花"，结出高质量发展之"果"。

在本书撰写的过程中，西南交通大学邢焕来副教授、北京邮电大学崔高峰副教授、沈阳航空航天大学赵亮教授、中国联通研究院程新洲总监等对本书做出了重要贡献。在本书初稿作完成后，中国工程院沈昌祥院士、张平院士，中国社会工作联合会陈存根会长，国际欧亚科学院张景安院士和清华大学社会科学院彭凯平院长提出了宝贵的修改意见并推荐作序，在此一并致谢。因认知水平与研究能力有限，本书难免有不妥之处，请广大读者不吝赐教。同时感谢中国工信出版集团、人民邮电出版社王建军和赵娟等编辑的辛勤付出。

赵俊渥　温淼文　赵楠　王朝炜　曹越　徐乐西
2024年4月于北京

附录

国家关于数字经济发展的主要政策
（2021 年 11 月—2024 年 3 月）

发布时间	政策名称	政策主要内容
2021 年 11 月	《提升全民数字素养与技能行动纲要》	1. 到 2025 年，全民数字化适应力、胜任力、创造力显著提升，数字素养与技能提升发展环境显著优化，基本形成渠道丰富、开放共享、优质普惠的数字资源供给能力。初步建成全民终身数字学习体系，老年人、残疾人等特殊群体数字技能稳步提升，"数字鸿沟"加快弥合 2. 围绕 7 个方面部署主要任务：一是丰富优质数字资源供给，二是提升高品质数字生活水平，三是提升高效率数字工作能力，四是构建终身数字学习体系，五是激发数字创新活力，六是提高数字安全保护能力，七是强化数字社会法治道德规范 3. 围绕主要任务和薄弱环节，还设立了数字社会无障碍和适老化改造提升工程等 6 个重点工程
2021 年 11 月	《"十四五"信息通信行业发展规划》	1. 到 2025 年，信息通信行业整体规模进一步壮大，发展质量显著提升，基本建成高速泛在、集成互联、智能绿色、安全可靠的新型数字基础设施，创新能力大幅增强，新兴业态蓬勃发展，赋能经济社会数字化转型升级的能力全面提升，成为建设制造强国、网络强国、数字中国的坚强柱石 2. 提出通信网络基础设施保持国际先进水平、数据与算力设施服务能力显著增强、融合基础设施建设实现重点突破、数字化应用水平大幅提升、行业治理和用户权益保障能力实现跃升、网络和数据安全保障能力有效提升、绿色发展水平迈上新台阶七大目标 3. 提出建设新型数字基础设施、拓展数字化发展空间、构建新型行业管理体系、全面加强网络和数据安全

发布时间	政策名称	政策主要内容
		保障体系和能力建设、加强跨地域跨行业统筹协调 5 个方面 24 条举措及 4 项保障措施
2021 年 12 月	《制造业质量管理数字化实施指南（试行）》	1. 明确"一条主线、三大转变、四项原则"的总体要求，强化制造业数字化方向指引，以数字化赋能企业质量管理，强化产业链质量协同，优化质量创新生态 2. 从 3 个层面提出制造业质量管理数字化的关键场景，引导企业将场景建设作为推进质量管理数字化的切入点 3. 从企业主体层面出发，在工作机制、增强能力、数据开发等方面提出实施要求。引导企业完善工作机制，夯实推进质量数字化的管理基础。聚焦能力建设主线，从"人、机、料、法、环、测"等方面全面强化质量管理数字化能力 4. 加强企业全生命周期质量数据开发利用，提升数据驱动作用。引导相关方创新质量管理数字化公共服务，提升服务供给水平；多措并举完善政策保障和支撑环境
2021 年 12 月	《"十四五"推进国家政务信息化规划》	1. 到 2025 年，政务信息化建设总体迈入以数据赋能、协同治理、智慧决策、优质服务为主要特征的融慧治理新阶段，跨部门、跨地区、跨层级的技术融合、数据融合、业务融合成为政务信息化创新的主要路径，逐步形成平台化协同、在线化服务、数据化决策、智能化监管的新型数字政府治理模式，经济调节、市场监管、社会治理、公共服务和生态环境等领域的数字治理能力显著提升，网络安全保障能力进一步增强，有力支撑国家治理体系和治理能力现代化 2. 提出数据资源赋能新动力、协同治理形成新模式、政务服务得到新提升、共建共享形成新局面、安全保障达到新水平 5 个方面具体目标

续表

发布时间	政策名称	政策主要内容
		3. 从深度开发利用政务大数据、发展壮大融合创新大平台、统筹建设协同治理大系统 3 个方面提出 12 点具体任务以及 5 项保障措施
2021 年 12 月	《贯彻落实碳达峰碳中和目标要求推动数据中心和 5G 等新型基础设施绿色高质量发展实施方案》	1. 到 2025 年，数据中心和 5G 基本形成绿色集约的一体化运行格局。数据中心运行电能利用效率和可再生能源利用率明显提升，全国新建大型、超大型数据中心平均电能利用效率降到 1.3 以下，国家枢纽节点进一步降到 1.25 以下，绿色低碳等级达到 4A 级以上。全国数据中心整体利用率明显提升，西部数据中心利用率由 30% 提高到 50% 以上，东西部算力供需更为均衡。5G 基站能效提升 20% 以上。数据中心、5G 能耗动态监测机制基本形成，综合产出测算体系和统计方法基本健全。在数据中心、5G 实现绿色高质量发展基础上，全面支撑各行业特别是传统高耗能行业的数字化转型升级，助力实现碳达峰总体目标，为实现碳中和奠定坚实基础 2. 提出强化统筹布局、提高算力能效、创新节能技术、优化节能模式、利用绿色能源、促进转型升级 6 项具体任务及加强统筹，多措并举、提高标准，降低能耗、分步推进，稳步实施 3 项保障措施
2022 年 1 月	《关于银行业保险业数字化转型的指导意见》	1. 到 2025 年,银行业保险业数字化转型取得明显成效。数字化金融产品和服务方式广泛普及，基于数据资产和数字化技术的金融创新有序实践，个性化、差异化、定制化产品和服务开发能力明显增强，金融服务质量和效率显著提高。数字化经营管理体系基本建成，数据治理更加健全，科技能力大幅提升，网络安全、数据安全和风险管理水平全面提升

发布时间	政策名称	政策主要内容
2022 年 1 月	《关于银行业保险业数字化转型的指导意见》	2. 主要内容包括：一是"战略规划与组织流程建设"要求银行保险机构加强顶层设计和统筹规划，改善组织架构和机制流程；二是"业务经营管理数字化"要求银行保险机构积极发展产业数字金融，大力推进个人金融服务数字化转型，提升金融市场交易业务数字化水平，建设数字化运营服务体系，构建安全高效、合作共赢的金融服务生态，着力加强数字化风控能力建设；三是"数据能力建设"要求银行保险机构健全数据治理体系，增强数据管理能力，加强数据质量控制，提高数据应用能力；四是"科技能力建设"要求银行保险机构加大数据中心基础设施弹性供给，提高科技架构支撑能力，推动科技管理敏捷转型，提高新技术应用和自主可控能力；五是"风险防范"要求银行保险机构加强战略风险、创新业务的合规性、流动性风险、操作风险及外包风险等管理，同时防范模型和算法风险，强化网络安全防护，加强数据安全和隐私保护
2022 年 1 月	《"十四五"数字经济发展规划》	1. 明确数字经济定义：数字经济是以数据资源为关键要素，以现代信息网络为主要载体，以信息通信技术融合应用、全要素数字化转型为重要推动力，促进公平与效率更加统一的新经济形态。数字经济发展速度之快、辐射范围之广、影响程度之深前所未有，正在推动生产方式、生活方式和治理方式深刻变革，成为重组全球要素资源、重塑全球经济结构、改变全球竞争格局的关键力量 2. 到 2025 年，数字经济迈向全面扩展期，数字经济核心产业增加值占 GDP 比重达到 10%，数字化创新

发布时间	政策名称	政策主要内容
2022 年 1 月	《"十四五"数字经济发展规划》	引领发展能力大幅提升，智能化水平明显提升，数字技术与实体经济融合取得显著成效，数字经济治理体系更加完善，我国数字经济竞争力和影响力稳步提升 3. 提出数据要素市场体系初步建立；产业数字化转型迈上新台阶；数字产业化水平显著提升；数字化公共服务更加普惠均等；数字经济治理体系更加完善等具体目标 4. 提出优化升级数字基础设施、充分发挥数据要素作用、大力推进产业数字化转型、加快推动数字产业化、持续提升公共服务数字化水平、健全完善数字经济治理体系、着力强化数字经济安全体系、有效拓展数字经济国际合作 8 个方面 27 条具体发展规划及 5 项保障措施
2022 年 1 月	《金融科技发展规划（2022—2025 年）》	1. 要全面加强数据能力建设，在保障安全和隐私前提下推动数据有序共享与综合应用，充分激活数据要素潜能，有力提升金融服务质效。建设绿色高可用数据中心，架设安全泛在的金融网络，布局先进高效的算力体系，进一步夯实金融创新发展的"数字底座"。加快监管科技的全方位应用，强化数字化监管能力建设，对金融科技创新实施穿透式监管，筑牢金融与科技的风险防火墙 2. 坚持"数字驱动、智慧为民、绿色低碳、公平普惠"的发展原则，以加强金融数据要素应用为基础，以深化金融供给侧结构性改革为目标，以加快金融机构数字化转型、强化金融科技审慎监管为主线，将数字元素注入金融服务全流程，将数字思维贯穿业务运营全链条，注重金融创新的科技驱动和数据赋

发布时间	政策名称	政策主要内容
2022 年 1 月	《金融科技发展规划（2022—2025 年）》	能，推动我国金融科技从"立柱架梁"全面迈入"积厚成势"新阶段，力争到 2025 年实现整体水平与核心竞争力跨越式提升 3. 提出 8 个方面的重点任务：一是强化金融科技治理，全面塑造数字化能力；二是全面加强数据能力建设，在保障安全和隐私前提下推动数据有序共享与综合应用，充分激活数据要素潜能；三是建设绿色高可用数据中心，进一步夯实金融创新发展的"数字底座"；四是深化数字技术金融应用；五是健全安全高效的金融科技创新体系，全面激活数字化经营新动能；六是深化金融服务智慧再造；七是加快监管科技的全方位应用，强化数字化监管能力建设；八是扎实做好金融科技人才培养，持续推动标准规则体系建设
2022 年 2 月	《2022 年提升全民数字素养与技能工作要点》	1. 到 2022 年年底，提升全民数字素养与技能工作取得积极进展，系统推进工作格局基本建立。数字资源供给更加丰富，全民终身数字学习体系初步构建，劳动者数字工作能力加快提升，人民群众数字生活水平不断提高，数字创新活力竞相迸发，数字安全防护屏障更加坚固，数字社会法治道德水平持续提高，全民数字素养与技能发展环境不断优化 2. 工作要点部署了加大优质数字资源供给、打造高品质数字生活、提升劳动者数字工作能力、促进全民终身数字学习、提高数字创新创业创造能力、筑牢数字安全保护屏障、加强数字社会文明建设、加强组织领导和整体推进 8 个方面重点任务

发布时间	政策名称	政策主要内容
2022 年 5 月	《关于推进实施国家文化数字化战略的意见》	1. 到"十四五"时期末，基本建成文化数字化基础设施和服务平台，形成线上线下融合互动、立体覆盖的文化服务供给体系。到 2035 年，建成物理分布、逻辑关联、快速链接、高效搜索、全面共享、重点集成的国家文化大数据体系，中华文化全景呈现，中华文化数字化成果全民共享 2. 提出了 8 项重点任务：关联形成中华文化数据库；夯实文化数字化基础设施；搭建文化数据服务平台；探索数字化转型升级的有效途径；发展数字化文化消费新场景；增强公共文化数字内容的供给能力；加快文化产业数字化布局；构建文化数字化治理体系
2022 年 6 月	《关于加强数字政府建设的指导意见》	1. 到 2025 年，与政府治理能力现代化相适应的数字政府顶层设计更加完善、统筹协调机制更加健全，政府履职数字化、智能化水平显著提升，政府决策科学化、社会治理精准化、公共服务高效化取得重要进展，数字政府建设在服务党和国家重大战略、促进经济社会高质量发展、建设人民满意的服务型政府等方面发挥重要作用 2. 到 2035 年，与国家治理体系和治理能力现代化相适应的数字政府体系框架更加成熟完备，整体协同、敏捷高效、智能精准、开放透明、公平普惠的数字政府基本建成，为基本实现社会主义现代化提供有力支撑 3. 明确在构建协同高效的政府数字化履职能力体系方面、在构建数字政府全方位安全保障体系方面、在构建科学规范的数字政府建设制度规则体系方面、在构建开放共享的数据资源体系方面、在构建智能集约的平台支撑体系方面、在以数字政府建设全面引

发布时间	政策名称	政策主要内容
		领驱动数字化发展方面、在加强党对数字政府建设工作的领导方面提出数字政府建设的 7 个方面重点任务
2022 年 7 月	《数字化助力消费品工业"三品"行动方案（2022—2025 年）》	1. 确立了未来 4 年数字化助力消费品工业增品种、提品质、创品牌的主要目标。到 2025 年，消费品工业领域数字技术融合应用能力明显增强、培育形成一批新品、名品、精品，品种引领力、品质竞争力和品牌影响力不断提升 2. 提出数字化助力增品种、提品质、创品牌 3 个方面 10 项任务，并以专栏的形式设置创新能力提升、数字化设计能力提升、数字化绿色化协同能力提升、质量管控能力提升、智慧供应链管理能力提升、品牌培育能力提升六大工程
2022 年 8 月	《关于开展财政支持中小企业数字化转型试点工作的通知》	1. 从 2022 年到 2025 年，中央财政计划分 3 批支持地方开展中小企业数字化转型试点，提升数字化公共服务平台服务中小企业能力，打造一批小型化、快速化、轻量化、精准化的数字化系统解决方案和产品，形成一批可复制可推广的数字化转型典型模式，围绕 100 个细分行业，支持 300 个左右公共服务平台，打造 4000 ～ 6000 家"小灯塔"企业作为数字化转型样本 2. 将制造业关键领域和产业链关键环节的中小企业作为数字化转型试点的重点方向，重点向医药和化学制造、通用和专用设备制造、汽车零部件及配件制造、运输设备制造、电气机械和器材制造、计算机等行业中小企业倾斜 3. 提升政策效能，发挥中央财政资金引导带动作用，鼓励地方政府在政策扶持、优化环境等方面对中小企

续表

发布时间	政策名称	政策主要内容
		业数字化转型工作予以倾斜支持。同时明确，中央财政安排奖补资金支持服务平台，由服务平台为中小企业提供数字化改造服务
2022 年 8 月	《数字乡村标准体系建设指南》	1. 到 2025 年，初步建成数字乡村标准体系。重点领域标准制修订工作步伐加快，基本满足数字乡村建设需求，国家标准、行业标准应用多点突破，地方标准、团体标准研究同步实施，打造一批标准应用试点，形成标准支撑和引领数字乡村发展的良好局面。 2. 提出基础与通用标准、数字基础设施标准、农业农村数据标准、农业信息化标准、乡村数字化标准、建设与管理标准、安全与保障标准 7 个方面 24 条标准建设内容
2022 年 10 月	《国务院关于数字经济发展情况的报告》	1. 要充分发挥我国社会主义制度优势、新型举国体制优势、超大规模市场优势，强化目标导向和问题导向，牢牢抓住数字技术发展主动权，把握新一轮科技革命和产业变革发展先机，大力发展数字经济 2. 从 8 个方面提出下一步工作安排，包括集中力量推进关键核心技术攻关，牢牢掌握数字经济发展自主权；适度超前部署数字基础设施建设，筑牢数字经济发展根基；大力推动数字产业创新发展，打造具有国际竞争力的产业体系；加快深化产业数字化转型，释放数字对经济发展的放大、叠加、倍增作用；持续提升数字公共服务水平，不断满足人民美好生活需要；不断完善数字经济治理体系，推动数字经济规范健康持续发展；全面加强网络安全和数据安全保护，筑牢数字安全屏障；积极参与数字经济国际合作，推动构建网络空间命运共同体

发布时间	政策名称	政策主要内容
2022 年 11 月	《中小企业数字化转型指南》	1. 加强政策协同、强化科学指引、深化转型认知、凝聚工作合力，以中小企业数字化转型促进实体经济高质量发展。一是顺应经济社会数字化转型大趋势；二是助推中小企业专精特新发展；三是强化中小企业数字化转型路径指引 2. 提出增强企业转型能力，主要面向中小企业，从开展数字化评估、推进管理数字化、开展业务数字化、融入数字化生态、优化数字化实践 5 个方面提出了转型路径，按照"评估－规划－实施－优化"的逻辑闭环，科学高效开展数字化转型 3. 提出提升转型供给水平，主要面向中小企业数字化转型服务供给方，包括增强供需匹配度、开展全流程服务、研制轻量化应用和深化生态级协作 4 个方面内容
2022 年 12 月	《关于构建数据基础制度更好发挥数据要素作用的意见》	1. 加快构建新发展格局，以维护国家数据安全、保护个人信息和商业秘密为前提，以促进数据合规高效流通使用、赋能实体经济为主线，以数据产权、流通交易、收益分配、安全治理为重点，深入参与国际高标准数字规则制定，构建适应数据特征、符合数字经济发展规律、保障国家数据安全、彰显创新引领的数据基础制度，充分实现数据要素价值、促进全体人民共享数字经济发展红利 2. 构建"数据二十条"4 个制度：保障权益、合规使用的数据产权制度；合规高效、场内外结合的数据要素流通和交易制度；体现效率、促进公平的数据要素收益分配制度；安全可控、弹性包容的数据要素治理制度

发布时间	政策名称	政策主要内容
2023 年 2 月	《数字中国建设整体布局规划》	1. 到 2025 年，基本形成横向打通、纵向贯通、协调有力的一体化推进格局，数字中国建设取得重要进展。数字基础设施高效联通，数据资源规模和质量加快提升，数据要素价值有效释放，数字经济发展质量效益大幅增强，政务数字化智能化水平明显提升，数字文化建设跃上新台阶，数字社会精准化普惠化便捷化取得显著成效，数字生态文明建设取得积极进展，数字技术创新实现重大突破，应用创新全球领先，数字安全保障能力全面提升，数字治理体系更加完善，数字领域国际合作打开新局面 2. 到 2035 年，数字化发展水平进入世界前列，数字中国建设取得重大成就。数字中国建设体系化布局更加科学完备，经济、政治、文化、社会、生态文明建设各领域数字化发展更加协调充分，有力支撑全面建设社会主义现代化国家 3. 按照"2522"的整体框架进行布局，即夯实数字基础设施和数据资源体系"两大基础"，推进数字技术与经济、政治、文化、社会、生态文明建设"五位一体"深度融合，强化数字技术创新体系和数字安全屏障"两大能力"，优化数字化发展国内国际"两个环境"
2023 年 3 月	《数字经济核心产业分类与国际专利分类参照关系表(2023)》	贯彻落实党的二十大关于加快发展数字经济相关部署要求，助力构建数字经济统计监测体系，加强对数字经济核心产业专利规模、结构、质量的统计监测，满足各级党委、政府和社会各界相关统计需求，为科学决策和管理提供统计支撑，促进知识产权与数字经济核心产业融合发展

发布时间	政策名称	政策主要内容
2023 年 8 月	《关于加快推进防雷安全监管数字化改革的意见》	1. 到 2025 年，全国一体化数字监管系统基本建成，配套制度基本健全，数字化监管体系基本形成；到 2030 年，整体协同高效、数据共享融合、应用场景丰富的全国一体化数字监管系统更加成熟，数据共享机制、监管制度和标准体系更加完善，与国家治理体系和治理能力现代化相适应的数字化监管体系更加完备，监管更加高效 2. 认真落实"放管服"改革和安全生产"三管三必须"要求，大力推行防雷安全数字化监管，推动平台集约、数据共享、流程再造、模式创新、机制重塑
2023 年 10 月	《数字经济和绿色发展国际经贸合作框架倡议》	包括数字领域经贸合作、绿色发展合作、能力建设、落实与展望 4 个部分，设置营造开放安全的环境、提升贸易便利化水平、弥合数字鸿沟、增强消费者信任、营造促进绿色发展的政策环境、加强贸易合作促进绿色和可持续发展、鼓励绿色技术和服务的交流与投资合作 7 个支柱
2023 年 10 月	《算力基础设施高质量发展行动计划》	1. 提出到 2025 年发展量化指标，引导算力基础设施高质量发展。计算力方面，算力规模超过 300EFLOPS，智能算力占比达到 35%。运载力方面，国家枢纽节点数据中心集群间基本实现不高于理论时延 1.5 倍的直连网络传输，重点应用场所光传送网（OTN）覆盖率达到 80%，骨干网、城域网全面支持 IPv6，SRv6 等新技术使用占比达到 40%。存储力方面，存储总量超过 1800EB，先进存储容量占比达到 30% 以上。应用赋能方面，围绕工业、金融、医疗、交通、能源、教育等重点领域，各打造 30 个以上应用标杆 2. 共部署 25 项重点任务，在完善算力综合供给体系

续表

发布时间	政策名称	政策主要内容
2023 年 10 月	《算力基础设施高质量发展行动计划》	方面，从建设布局、算力结构、异构协同、标准体系等方面进行部署；在提升算力高效运载能力方面，从运载质量、接入网络、算力调度等方面进行部署；在强化存力高效灵活保障方面，从存力技术、存储产业和存算网协同等方面进行部署；在深化算力赋能行业应用方面，重点在工业、教育、金融、交通、医疗和能源等方面进行了工作部署；在促进绿色低碳算力发展方面，从提升算力碳效水平、引导市场应用、赋能行业发展等方面进行了部署；在加强安全保障能力建设方面，从提升网络安全、强化数据安全、推进供应链安全等方面进行部署
2023 年 12 月	《"数据要素 ×"三年行动计划（2024—2026 年）》	1. 到 2026 年年底，通过数据要素乘数效应，我国将打造 300 个以上标杆性典型应用场景，涌现出一批成效明显的数据要素应用示范地区，培育一批优质数据商和第三方专业服务机构 2. 聚焦交通运输、工业制造、现代农业、商贸流通等 12 个行业和领域，推动发挥数据要素乘数效应，释放数据要素价值
2023 年 12 月	《深入实施"东数西算"工程加快构建全国一体化算力网的实施意见》	1. 到 2025 年年底，初步建成普惠易用、绿色安全的综合算力基础设施体系。为确保顺利实现，特制定一套分项指标，包括切实提升国家枢纽节点位势，初步形成跨国家枢纽节点调度格局，加快推动算电协同发展，有效促进算力低价普惠，基本实现算力网关键核心技术安全可靠 2. 提出包括进一步推动各类新增算力向国家枢纽节点集聚，将国家枢纽节点打造成国家算力高地；以"结对子"方式推动西部国家枢纽节点与东部、中部城市

发布时间	政策名称	政策主要内容
		建立跨区域算力资源调度机制,推动东西部之间形成规模化算力调度;深化行业数据和算力协同,实现数据可信流通,提升数据处理能力和治理水平;在国家枢纽节点构筑全生命周期安全管控措施等措施与任务
2023 年 12 月	《数字经济促进共同富裕实施方案》	1. 到 2025 年,以数字经济促进共同富裕在缩小区域、城乡、群体、基本公共服务差距上取得积极进展,数字经济在促进共同富裕方面的积极作用开始显现;到 2030 年,在加速弥合区域、城乡、群体、基本公共服务等差距方面取得显著成效,形成一批东西部协作典型案例和可复制可推广的创新成果,数字经济在促进共同富裕方面取得实质性进展 2. 部署了推动区域数字协同发展、大力推进数字乡村建设、强化数字素养提升和就业保障、促进社会服务普惠供给 4 个方面重点举措,从加强组织领导、强化要素保障、建立评价体系、加大宣传力度 4 个方面提出了保障措施
2023 年 12 月	《促进数字技术适老化高质量发展工作方案》	1. 到 2025 年年底实现四大目标:标准规范体系等发展基础更加牢固,产品与服务供给质量不断提升,老年用户体验显著升级,数字技术适老化产业生态初步形成,有力促进数字技术适老化高质量发展 2. 围绕标准化建设、产品服务供给、用户体验、产业发展 4 个方面,按照"立足当下、适当前瞻、科学可行"的原则,部署 11 项重点任务
2023 年 12 月	《关于加快生活服务数字化赋能的指导意见》	1. 到 2025 年,初步建成"数字+生活服务"生态体系,形成一批成熟的数字化应用成果,新业态新模式蓬勃发展,生活服务数字化、网络化、智能化水平进一步提升。到 2030 年,生活服务数字化基础设施

续表

发布时间	政策名称	政策主要内容
2023 年 12 月	《关于加快生活服务数字化赋能的指导意见》	深度融入居民生活，数字化应用场景更加丰富，基本实现生活服务数字化，形成智能精准、公平普惠、成熟完备的生活服务体系 2. 围绕丰富生活服务数字化应用场景、补齐生活服务数字化发展短板、激发生活服务数字化发展动能、夯实生活服务数字化发展基础、强化支持保障措施 5 个方面，提出了 19 项具体任务举措
2024 年 1 月	《原材料工业数字化转型工作方案（2024—2026 年）》	1. 到 2026 年，原材料工业数字化转型取得重要进展，重点企业完成数字化转型诊断评估，生产要素泛在感知、制造过程自主调控、运营管理最优决策水平大幅提高 2. 部署强化基础能力、深化赋能应用、加强主体培育、完善支撑服务 4 个方面 14 项任务
2024 年 1 月	《关于加强数据资产管理的指导意见》	1. 构建"市场主导、政府引导、多方共建"的数据资产治理模式，逐步建立完善数据资产管理制度，不断拓展应用场景，不断提升和丰富数据资产经济价值和社会价值，推进数据资产全过程管理以及合规化、标准化、增值化。通过加强和规范公共数据资产基础管理工作，探索公共数据资产应用机制，促进公共数据资产高质量供给，有效释放公共数据价值，为赋能实体经济数字化转型升级，推进数字经济高质量发展，加快推进共同富裕提供有力支撑 2. 提出依法合规管理数据资产、明晰数据资产权责关系、完善数据资产相关标准、加强数据资产使用管理、稳妥推动数据资产开发利用、健全数据资产价值评估体系、畅通数据资产收益分配机制、规范数据资产销毁处置、强化数据资产过程监测、加强数

发布时间	政策名称	政策主要内容
		据资产应急管理、完善数据资产信息披露和报告、严防数据资产价值应用风险告示 12 条具体任务与 3 条保障措施
2024 年 2 月	《工业领域数据安全能力提升实施方案（2024—2026 年）》	1. 到 2026 年年底，工业领域数据安全保障体系基本建立。数据安全保护意识普遍提高，重点企业数据安全主体责任落实到位，重点场景数据保护水平大幅提升，重大风险得到有效防控。数据安全政策标准、工作机制、监管队伍和技术手段更加健全。数据安全技术、产品、服务和人才等产业支撑能力稳步提升 2. 一是从行业数据安全意识和能力普及覆盖考虑，提出基本实现各工业行业规上企业数据安全要求宣贯全覆盖。二是紧抓重点企业和规上企业，实现数据分类分级保护的企业超 4.5 万家，至少覆盖年营收在各省（自治区、直辖市）行业排名前 10% 的规上工业企业。三是标准先行、树立典型。立项研制国家、行业、团体等各类标准规范不少于 100 项，对企业履行数据安全保护责任义务加强细化标准指导。面向不少于 10 个重点行业遴选典型案例不少于 200 个，强化优秀应用实践的引领带动作用。四是加大人才培养，实现培训覆盖 3 万人次、培养人才超 5000 人
2024 年 2 月	《自然资源数字化治理能力提升总体方案》	1. 到 2025 年，自然资源数字化治理体制逐步健全、管理机制趋于成熟，一体化基础设施体系基本形成，"空天地海网"态势感知理解能力进一步提升，数据资源体系更加完善，分布式数据中心基本建成，数据治理和开发利用水平进一步提高，数据资产化运营初见成效

续表

发布时间	政策名称	政策主要内容
2024年2月	《自然资源数字化治理能力提升总体方案》	2. 到2030年，数据驱动的业务规则重构、业务流程再造基本完成，多维数字化应用场景基本完备，与自然资源治理体系和治理能力现代化相适应的"一张网、一张图、一平台"的数字化治理体系框架更加成熟，基本形成高水平保护、高质量保障、高效率利用、高效能治理的整体智治新格局，美丽中国数字化国土空间治理体系基本建成 3. 以全面提升自然资源信息化服务能力为导向，充分应用云计算、大数据、人工智能、视联网、物联网等新一代信息技术，实现算力资源高效利用、数据资源共融共享、平台应用智能开放、场景服务敏捷协同、线上线下安全可靠，形成"一网联通系统内外协同互动大生态，一图透览陆海上下山水林田湖草沙，一窗智绘美丽中国人与自然和谐共生现代化"的智慧国土

参考文献

[1] 贾晋京. 数据要素化与经济新规律 [J]. 旗帜, 2021(3): 49-50.

[2] 黄奇帆. 数据要素化与要素数据化是数字经济发展的资源配置基础 [J]. 产业转型研究, 2020(11): 6-8.

[3] 金柳. 面向下一代交通基建互联网的数据要素化发展研究 [J]. 互联网周刊, 2022(19): 48-50.

[4] 周雷, 赖姝牟, 付煜棋. 供应链金融大数据信用风险评估与应用研究 [J]. 金融教育研究, 2023, 36(1): 64-73.

[5] 王焕然, 常晓磊, 魏凯. 区块链社会: 区块链助力国家治理能力现代化 [M]. 北京: 机械工业出版社, 2020.

[6] 鲍莉, 沈云明, 郑焜. 数据分析和数据可视化在医疗设备上的应用——以输注泵为案例 [J]. 中国医疗器械杂志, 2023, 47(2): 229-232.

[7] 李咏翰. 大数据赋能智慧教育的关键问题与教学场景应用 [J]. 中小学数字化教学, 2023(1): 38-42.

[8] 杨烁. 大数据技术在智慧城市中的应用研究 [J]. 中国宽带, 2023, 19(5): 141-143.

[9] GB/T 42201—2022 智能制造工业大数据时间序列数据采集与存储管理 [S]. 北京: 中国标准出版社, 2022.

[10] 杜肖锦. 加强数据治理 推进数字化发展 [N]. 中国银行保险报, 2023, 2023-11-14(003).

[11] 范秋生. 数据加密技术在计算机安全中的应用 [J]. 煤炭技术, 2013,

32(7):171-172.

[12] 王于丁，杨家海，徐聪，等.云计算访问控制技术研究综述 [J]. 软件学报，2015, 26(5): 1129-1150.

[13] 陈华，李庆川，翟晨喆.数据要素的定价流通交易及其安全治理 [J]. 学术交流，2022(4): 107-124.

[14] 许慧.大数据时代跨境电子商务企业供应链管理模式的构建研究 [J]. 物流科技，2023, 46(4): 144-147.

[15] 牛中盈，白亚南.数字化时代市域社会治理现代化的探索与实践 [J]. 科学咨询，2023(3): 26-28.

[16] 许新征，丁世飞，史忠植，等.图像分割的新理论和新方法 [J]. 电子学报，2010, 38(S1): 76-82.

[17] 刘红岩，陈剑，陈国青.数据挖掘中的数据分类算法综述 [J]. 清华大学学报：自然科学版，2002(6): 727-730.

[18] 陈建军，于志强，朱昀.数据可视化技术及其应用 [J]. 红外与激光工程，2001, 30(5): 339-342.

[19] 钱敏.聚焦"数据二十条"背景下的数据要素化 [J]. 人民周刊，2023(5): 62-63.

[20] 杨云龙，张亮，杨旭蕾.数据要素价值化发展路径与对策研究 [J]. 大数据，2023, 9(6): 100-109.

[21] 姜慜喆，赵盛喆，黄雅荷.面向金融风险预测领域的机器学习应用研究 [J]. 武汉理工大学学报：信息与管理工程版，2023, 45(5): 785-789.

[22] 魏凯，闫树，吕艾临.数据要素市场化进展综述 [J]. 信息通信技术与政策，2022(8): 59-64.

[23] 雪峰豪，蒋海波，唐聃.深度学习在健康医疗中的应用研究综述 [J]. 计算机科学，2023, 50(4): 1-15.

[24] 马费成，卢慧质，吴逸姝.数据要素市场的发展及运行 [J]. 信息资源管理学报，2022, 12(5): 4-13.

[25] 谭娟，王胜春.基于深度学习的交通拥堵预测模型研究 [J]. 计算机应用研究，

2015, 32(10): 2951-2954.

[26] 白永秀，李嘉雯，王泽润. 数据要素：特征，作用机理与高质量发展 [J]. 电子政务，2022(6): 23-36.

[27] GB/T 39725—2020. 信息安全技术 健康医疗数据安全指南 [S]. 北京：中国标准出版社，2021.

[28] 石勇. 数字经济的发展与未来 [J]. 中国科学院院刊，2022, 37(1): 78-87.

[29] 王明升. 供给侧结构性改革的核心：要素市场化配置 [J]. 广西质量监督导报，2021(4): 188-189.

[30] 徐翔，厉克奥博，田晓轩. 数据生产要素研究进展 [J]. 经济学动态，2021(4): 142-158.

[31] 张艳. 移动支付技术发展应用研究 [J]. 营销界，2019(37): 277-278.

[32] 梅宏. 数据要素化迈出关键一步 [J]. 智慧中国，2023(1): 44-45.

[33] 王申，许恒. 构建数据基础制度进程中的数据确权问题研究 [J]. 理论探索，2023(2): 120-128.

[34] 赵鑫. 数据要素市场面临的数据确权困境及其化解方案 [J]. 上海金融，2022(4): 59-68.

[35] 赵瑞琴，孙鹏. 确权、交易、资产化：对大数据转为生产要素基础理论问题的再思考 [J]. 商业经济与管理，2021(1): 16-26.

[36] 赵宏伟，茹克娅·霍加. 大数据时代数据确权的缘起、挑战与路径 [J]. 网络空间安全，2023, 14(3): 107-114.

[37] 程啸. 论大数据时代的个人数据权利 [J]. 中国社会科学，2018(3): 102-122.

[38] 申卫星. 论数据用益权 [J]. 中国社会科学，2020(11): 110-131, 207.

[39] 纪海龙. 数据的私法定位与保护 [J]. 法学研究，2018, 40(6): 72-91.

[40] 第 52 次《中国互联网络发展状况统计报告》[R]. 中国互联网络信息中心. 2023.

[41] 谭洪波，耿志超. 数据要素推动经济高质量发展路径研究——基于新生产要素特征视角的分析 [J]. 价格理论与实践，2023(9): 46-51.

[42] 王利明. 数据共享与个人信息保护 [J]. 现代法学，2019, 41(1): 45-57.

[43] 梅夏英 . 数据的法律属性及其民法定位 [J]. 中国社会科学，2016(9): 164-183, 209.

[44] 常欣，郭宏 . 数据确权的困境与解决路径 [J]. 法制博览，2021(30): 71-72.

[45] 汤奇峰，邵志清，叶雅珍 . 数据交易中的权利确认和授予体系 [J]. 大数据，2022, 8(3): 40-53.

[46] 姚佳 . 数据要素市场化的法律制度配置 [J]. 郑州大学学报：哲学社会科学版，2022, 55(6): 43-50.

[47] 苏德悦 . 以需求推动数据要素供给 破解数据要素交易困境 [N]. 人民邮电，2022-06-20(003).

[48] 张雷声 . 马克思分配理论及其中国化的创新成果 [J]. 政治经济学评论 . 2022, 13(1): 59-73.

[49] 戈晶晶 . 数字技术创新引领数字经济发展 [J]. 中国信息界，2023(5): 28-31.

[50] 陈文旭，聂嘉琪 . 21 世纪全球数字鸿沟审视与中国方案 [J]. 新疆社会科学，2023(6): 147-155, 169.

[51] 史旻玥 . 数字经济时代全球数字贸易规则的差异化发展及中国应对 [J]. 中国石油大学学报：社会科学版，2023, 39(6): 92-99.

[52] 张则艺，赵艳霞，崔博宇 . 中国数字经济发展的时空演变趋势与政策文本分析 [J]. 科技创业月刊，2023, 36(12): 50-56.

[53] 苏德悦 . 全年经济发展预期目标有望较好完成 数字经济贡献持续加大 [N]. 人民邮电，2023-12-25(003).

[54] 徐仝，柳泽民 . 数字经济对共同富裕目标的影响分析及政策建议 [J]. 湖北经济学院学：人文社会科学版，2023, 20(12): 27-31.

[55] 严曦梦 . 阿里巴巴集团董事会主席兼首席执行官张勇：数字技术不断发展正深刻改变世界 [N]. 上海证券报，2023-07-01(006).

[56] 马宁，顾海华，白冰，等 . 数字经济对钢铁企业的影响——基于宝钢案例研究 [J]. 生产力研究，2023(4): 75-78.

[57] 顾丽梅，李欢欢 . 我国城市数字化转型的三种典型模式之比较——以上海、深圳和成都为例 [J]. 公共管理学报，2023, 20(4): 53-63, 170-171.

[58] 房雪. 数字经济背景下电子商务与物流企业协同发展研究 [J]. 商场现代化, 2023(24): 36-38.

[59] 冯祥晖, 云周, 杨文. 新型智慧城市与数字经济融合方式的研究 [J]. 通信与信息技术, 2023(S1): 78-81.

[60] 龚永林. 以新质生产力为发展新动能 [J]. 印制电路信息, 2023, 31(11): 3.

[61] 田鹏颖, 刘颖晴. 深刻理解和把握新质生产力 [J]. 共产党员, 2023(21): 12-13.

[62] 戴翔. 以发展新质生产力推动高质量发展 [J]. 天津社会科学, 2023(6): 103-110.

[63] 王荣, 温伟鸽. 敏捷生产模式研究与实现 [J]. 计算机技术与发展, 2013, 23(5): 142-144, 149.

[64] 深入推动产业数字化, 加快形成新质生产力 [J]. 通信企业管理, 2023(10): 3.

[65] 廖万里. RPA——数字经济时代的新生产力 [J]. 上海信息化, 2021(12): 45-47.

[66] 张凯斐. 人工智能的应用领域及其未来展望 [J]. 吕梁高等专科学校学报, 2010, 26(4): 79-81.

[67] 孙鹏博. 数字经济的绿色发展效应: 基于数据要素作用视角 [J]. 长沙理工大学学报: 社会科学版, 2023, 38(6): 66-80.

[68] 严北战, 翁平平. 数字技术对制造业升级的影响研究 [J]. 时代经贸, 2021, 18(12): 116-121.

[69] 童昱清, 杨尧均. 阿里商业生态系统及平台运作模式探究 [J]. 科技管理研究, 2019, 39(11): 254-260.

[70] 刘尚聪. 试分析智能机械自动化在汽车生产中的创新发展——以特斯拉无人工厂为例 [J]. 中国战略新兴产业, 2018(4): 18.

[71] 卜淼, 景紫恒. 产业互联网背景下腾讯智慧零售战略合作路径及效果分析 [J]. 全国流通经济, 2020(35): 3-5.

[72] 多功能低功耗蓝牙智能门锁提供苹果 HomeKit 和小米米家兼容性广泛支持智能家居生态系统 [J]. 世界电子元器件, 2020(7): 5-7.

[73] 丁虹．用数据激活制造企业高质量发展新动能 [J]．中国工业和信息化，2023(11): 70-73.

[74] 刘新争，曹宇彤．新技术范式下制造业转型升级的理论逻辑、现实困境与制度变革 [J]．经济纵横，2023(11): 71-79.

[75] 韩文龙，李艳春．数字经济与实体经济深度融合的政治经济学分析 [J]．理论月刊，2023(11): 56-65.

[76] 李晓华．数字经济新特征与数字经济新动能的形成机制 [J]．改革，2019(11): 40-51.

[77] 加快连接向应用转型——广东电信全面引领物联网产业变革 [J]．中国电信业，2017(12): 52-61.

[78] 曹阳春，张光宇，戴海闻，等．基于跨案例研究的颠覆性技术演进特征分析 [J]．科技进步与对策，2022, 39(3): 1-10.

[79] 吴先锋，白玉娇．基于技术演进视角的数字经济特征与发展策略 [J]．兰州财经大学学报，2023, 39(1): 49-56.

[80] 邹文博．发挥数据要素价值推动"数实融合"发展 [J]．产业创新研究，2023(22): 17-19.

[81] 徐政，郑霖豪，程梦瑶．新质生产力赋能高质量发展的内在逻辑与实践构想 [J]．当代经济研究，2023(11): 51-58.

[82] 侯忠生，许建新．数据驱动控制理论及方法的回顾和展望 [J]．自动化学报，2009, 35(6): 650-667.

[83] 赵涛，张智，梁上坤．数字经济、创业活跃度与高质量发展——来自中国城市的经验证据 [J]．管理世界，2020, 36(10): 65-76.

[84] 陈全，邓倩妮．云计算及其关键技术 [J]．计算机应用，2009, 29(9): 2562-2567.

[85] 周可，王桦，李春花．云存储技术及其应用 [J]．中兴通讯技术，2010，16(4): 24-27.

[86] 沈鑫，裴庆祺，刘雪峰．区块链技术综述 [J]．网络与信息安全学报，2016, 2(11): 11-20.

[87]　陆汝钤.机器学习及其应用 [M].北京：清华大学出版社，2006.

[88]　谢富胜，吴越，王生升.平台经济全球化的政治经济学分析 [J].中国社会科学，2019(12)：62-81，200.

[89]　曾春，邢春晓，周立柱.个性化服务技术综述 [J].软件学报，2002(10)：1952-1961.

[90]　喻国明，付佳.多通道感知下的用户体验：研究逻辑与评价体系 [J].新闻与写作，2020(8)：68-74.

[91]　李生.自然语言处理的研究与发展 [J].燕山大学学报，2013，37(5)：377-384.

[92]　李二亮.互联网金融经济学解析——基于阿里巴巴的案例研究 [J].中央财经大学学报，2015(2)：33-39.

[93]　邬贺铨.大数据时代的机遇与挑战 [J].求是，2013(4)：47-49.

[94]　张震宇.新质生产力赋能数字乡村建设：转型逻辑与实施路径 [J].学术交流，2024(1)：93-107.

[95]　何哲.国家数字治理的宏观架构 [J].电子政务，2019(1)：32-38.

[96]　王方方，谢健，李德洗.智慧城市建设与城市数字经济发展——基于双重差分模型的实证分析 [J].技术经济与管理研究，2024(2)：43-48.

[97]　姜磊，曹璇.我国科学数据共享现存问题溯源与治理路径探寻——基于数字治理理论 [J].科学管理研究，2024，42(1)：30-35.

[98]　王文泽.以智能制造作为新质生产力支撑引领现代化产业体系建设 [J].当代经济研究，2024(02)：105-115.

[99]　刘俐延.数字时代下对数字治理的探索 [J].科学咨询，2023(12)：9-12.

[100]　刘兴华.数字全球化与全球数字治理的中国方案 [J].世界社会科学，2023(2)：118-134，245-246.